결정하는 습관

결정하는 습관

미루지 않는 것이 최고의 결정이다

리처드 모란 지음
이지민 옮김

고민이 너무 길어지면 기회조차 없어진다!

NEVER SAY
WHATEVER

넉스톤

일러두기

Whatever
크고 작은 선택을 미루고 결정하기를 어려워하는 사람들이 습관처럼 하는 말. 점심 메뉴부터 진로, 회사 업무, 인간관계 등 선택을 앞두고 매번 '될 대로 되라지' 마인드로 임한다면 커리어와 삶 전반에 치명적인 악영향을 미칠 수 있다.

한국어 용례
1. 될 대로 되라지.
2. 어떻게든 되겠지.
3. (무엇을 선택하는 상황에서) 아무거나.
4. (어떻게 되든) 상관없어.
5. 아, 모르겠다.
6. 알 게 뭐야.

이 책의 주제인 'whatever'를 본문에서는 '될 대로 되라지'로 번역하되, 문맥에 따라 2~6번의 용례를 적용했다.

당신의 운명은 당신의 손에 달려 있으며
매일 당신이 내리는 선택에 좌우된다.

-선데이 아델라자

리처드 모란은 인생을 이해하며 얻은 깨달음을 확실하고 간결한 문장에 녹여내는 능력이 탁월하다. 이 책에서 모란은 좋은 결정을 내리는 삶이란 무엇인지에 관한 자신만의 관점을 보여준다. 작은 결정이 때로는 예상치 못한 영향을 미친다는 그의 주장은 매우 설득력 있다. 사소한 결정처럼 보여도 진지하게 대해야 한다고, 사소한 결정이라 해서 중요하지 않은 듯 "될 대로 되라지"라고 말해서는 안 된다고 말한다.

—제프리 페퍼, 스탠퍼드대학교 경영대학원 교수,
《권력을 경영하는 7가지 원칙》 저자

중요한 결정 앞에서 우유부단한 리더야말로 얼마나 해로운 존재인가. 그들의 우유부단한 태도는 '될 대로 되라지' 마인드로 무장한 팀을 양산할 뿐이다. 모란의 책은 당신이 일과 삶의 리더로서 명확한 결정을 내리고 좀 더 영향력 있는 사람이 되게 도와줄 것이다.

—리즈 와이즈먼,《멀티플라이어》,《임팩트 플레이어》 저자

'될 대로 되라지' 태도를 지닌 기업가는 '될 대로 되라지' 식의 결과를 맞이할 뿐이다. 모란은 "될 대로 되라지"라는 말에 내포된 위험은 물론 이를 피하는 방법까지 알려준다. 무관심한 태도가 우리 삶을 파고드는 지금 같은 시기에 아주 유용하고 중요한 책이다.

—제프리 무어, 《제프리 무어의 캐즘 마케팅》 저자

모든 세대마다 저마다의 방식으로 "될 대로 되라지" 혹은 "알게 뭐야"라고 말하며 결정을 미룬다. 결코 바람직하지 않은 태도다. 이 말은 끝도 없는 불안과 불만의 수렁으로 우리를 끌어내린다. 저자는 이러한 패배의식에서 벗어나는 방법을 보여줌으로써 우리가 원하는 것들을 이룰 수 있게 한다. 점점 더 빠져나오기 힘든 구멍에 자신을 파묻지 않도록 도와준다. 무엇이든 상관하지 않으려 하는 지금 같은 시기에 우리를 반대 방향으로 끌고 간다. 유쾌하고도 공감할 만한 방식으로 말이다. 이 책은 당신이 작은 결정들을 현명하게 내릴 수 있게 이끌 것이다.

—리 카라허, 더블포르테의 CEO, 《밀레니얼과 관리》, 《부메랑 원리》 저자

이 책을 읽는다면 여러분의 삶은 영원히 바뀔 것이다. 저자는 전통적인 비즈니스 교육 바깥에서도 배울 점이 많다는 사실

을 다시 한번 증명한다. 그는 상식과 유머를 완벽하게 섞어 직장은 물론 인생에서도 만족감을 느낄 수 있는 단순한 방식을 설계했다.

—데이브 케르펜, 〈뉴욕타임스〉 베스트셀러 《인간관계의 기술》의 저자

세상에는 똑똑한 사람이 많지만, 리처드 모란은 그 이상이다. 그는 분별력이 있다. 이 책은 새로운 차원의 상식을 제안한다.

—러셀 핸콕, 조인트벤처 실리콘밸리 회장

리처드 모란은 우리가 미처 포착하지 못했지만, 성공적인 삶에 반드시 필요한 미묘한 행동들을 활용하는 데 탁월하다. 이 책이 완벽한 예다. "될 대로 되라지"라는 말은 기업가나 리더의 사전에서 삭제되어야 한다. 이 책을 읽으면 그 이유를 알게 될 것이다.

—버네 하니시, 스케일링업 설립자, 《록펠러식 성공 습관 마스터》 저자

"조금 더 지켜보자" 혹은 "아마도" 같은 불확실한 말을 의사결정 도구에서 제거함으로써 세상을 바꾸는 책이다. 급변하는 오늘날의 업무 환경에서 결정하지 않는 시나리오를 없애도록 해준 저자에게 감사를 표한다.

—존 브레슬린, 골웨이대학교 교수

목차

1장 '될 대로 되라지' 세상

2장 의도를 가진 선택의 힘

 ## 3장 선택 앞에 거침없는 사람들의 습관

 ## 4장 당신의 커리어 여정이 즐거워지려면

5장 성공의 길은 선택과 책임으로 채워진다

6장 자신의 사업을 꿈꾸고 있다면

7장 자신을 행복하게 하는 선택을 하라

후회를 남기지 않는 선택법

 **선택과 실행을 위한
나만의 자문단**

 오늘부터 시작하자

급변하는 세상 속
혼란스러운 당신을 위한 책

우선 저자에게 좀 따져야겠다. 도대체 왜 이제야 이런 책을 낸 것인가?

나에게는 이 책이 절실했다. 모든 것을 시행착오 끝에 배우고 온갖 수모를 당하며 자신을 바꿔나갔던 사람으로서 모란이 이 책에서 전하는 교훈이 정말 필요했다. 처음 관리직을 맡았을 때 나는 결정 하나하나가 무척 중요하다고 생각했다. 일의 크기와 상관없이 내가 모든 결정을 내려야 한다고 믿었다. 내가 아주 중요한 사람이라 오직 나만이 결정할 수 있다고 생각했는지도 모른다. 물론 둘 다 틀린 생각이었고 나는 그 과정에서 의사결정에 관한 나만의 교훈을 얻었다.

고故 섬너 레드스톤 비아콤 회장 덕분에 의사결정과 관련해 큰 깨달음을 얻은 적이 있다. 당시 나는 MTV와 VH1의 총지배인이었다. 섬너와 처음 단둘이 가진 회의에서 나는 현재 진행 중인 모든 업무를 설명했다. 그런 다음 문제가 되는 것들의 목록을 길게 늘어놓았다. 걱정되는 것, 난항이 예상되는 것, 장애물, 경쟁자 등 온갖 문제를 나열했다. 그는 내 말을 가만히 듣고만 있었다. 그러다가 마침내 나를 가리키더니 "이보게, 문제가 없으면 당신이 왜 필요하겠나! 당신이 할 일은 우선순위를 정하고 결정하는 거야"라고 말했다. 그 순간 나는 리더의 역할을 확실히 깨달았다. 그렇다. 리더는 훌륭한 팀원을 모으고 그들이 전략을 수행하도록 한다. 또한 이정표와 시간표를 짜고 피드백을 제공하며 계획이 진행되도록 조정하면 된다. 하지만 나는 그날 무엇보다도 결정을 내리고 다른 이들에게도 결정하도록 허락하는 것이 리더의 일임을 배웠다. 그 전에는 그런 생각은 한 번도 하지 못했다.

이때의 교훈으로 나는 초창기 E! 엔터테인먼트나 NPR에서 CEO로 재직할 당시, 직원들에게 의사결정의 중요성은 물론 그들이 조직을 좌우한다는 사실을 이해시키려고 무진장 애썼다. 모란이 이 책에서 강조하듯, 사소해 보이는 결정마저도 아주 중요하다.

'될 대로 되라지'라는 문장은 굉장히 복잡하고 미묘하다. 나는 이 문장이 이토록 다양한 맥락에서 이토록 다양한 의미로 쓰일 수 있는지 몰랐다. 온갖 메시지를 전달하기도 하고 아무런 의미를 담고 있지 않기도 하다. 모란은 이 사실을 잘 알고 자신만의 관찰력을 이 책에 훌륭하게 담았다. 그는 복잡하고 골치 아파 보이는 문제를 이해하기 쉽게 정리했다. 어려운 업계 용어는 최대한 자제하면서 지금 당장 실천할 수 있는 아이디어와 결정법을 알려준다. 모두가 공감할 만한 현실적인 이야기를 통해 더 이상 선택을 미루지 말자고 제안한다. 온종일 크고 작은 결정을 할 책임이 자기 자신에게 있음을 상기하며 결정을 내리는 가장 현명한 방법도 일러준다.

그가 이토록 섬세한 관점을 갖게 된 것은 다양한 역할을 경험한 덕분이다. 그는 정보가 거의 없는 상태에서 대부분의 의사결정을 내려야 하는 벤처 투자자였다. 벤처 투자는 하나의 결정을 내린 뒤 다음 결정으로 빨리 넘어가야 하는 세상이다. 그는 검증되지 않은 개념과 검증되지 않은 팀에 관해 결정을 내릴 수밖에 없었다. 그는 경영 컨설턴트로도 일했는데, 이들은 자료를 수집하고 연구하고 분석하며 이를 바탕으로 고객이 결정할 수 있도록 추천한다. 하지만 고객은 주의를 기울이지 않을지도 모른다. 고객이 추천받은 대로 결정하더라도 컨설턴트가 공을 인정받는 경우는 드물다. 다시 말해 그들은 결정을 내릴 권한도 없으면서 그토록 많은 일을 하는 것이다. 정말 불쌍하지 않은가!

이렇게 다양한 경험만으로 부족했는지 그는 대학 총장까지 역임했다. 모란은 교수진, 학생, 이사진, 졸업생, 기부자와 협력해 학교 전체의 이익을 위한 결코 쉽지 않은 결정들을 내렸다. 대학 총장은 굉장히 힘든 자리다. "될 대로 되라지"라고 말하며 상충하는 온갖 요구들 사이에서 균형을 이루려는 시도를 아예 포기하는 편이 훨씬 더 쉬울지도 모른다. 나도 회사를 경영하면서 비슷한 고충을 느꼈기에 안다. 결정을 내릴 때마다 주요 구성원이 반대하고 나서지 않는 경우가 단 한 번도 없었다.

살다 보면 계획대로 흘러가는 일이 거의 없다. 그때마다 우리는 융통성을 발휘해 변화하는 상황에 적응해야 한다. 재빨리 변화를 시도하고 다음 단계로 나아가야 한다. 자신의 의도와 결과에 집중해야 한다. 여러분의 팀이 아이디어가 샘솟는 똑똑하고 창의적인 인재들로 이루어져 있다면 누군가는 결정을 하고 우선순위를 정해야 한다. '될 대로 되라지' 마인드로는 이 같은 일을 할 수 없다.

이 책은 의사결정의 미묘한 세계는 물론, 아무리 사소한 결정일지라도 우리의 커리어와 인생에 얼마나 큰 영향을 미치는지 낱낱이 알려준다. 이것이야말로 이 책의 진정한 가치다. 지금 당장 이 책을 읽으시라. 결코 후회하지 않을 것이다.

잘 몬
NPR 전 회장, CEO

프롤로그

'될 대로 되라지'는 집어치워!

"'될 대로 되라지'는 일종의 욕 같은 거예요. 아무 말에나 붙이면 어떤 의미든 전달할 수 있죠."

자신감 넘치는 10대 아이가 '될 대로 되라지'라는 표현에 대해 해준 설명이다. 아이는 내게 말했다. "'될 대로 되라지'라는 말은 알겠다는 뜻일 수도 있고 모욕일 수도 있고 아무 의미 없이 하는 말일 수도 있어요. '상관 안 해'라고 표현하고 싶을 때 특히 요긴하죠."

흔히 사용되는 이 말에 대한 단순한 정의를 들은 뒤 정돈된 삶과 관리에 대한 나의 관점이 변하기 시작했다. 아이의 말이 맞았다. '될 대로 되라지'라는 말은 편리하다. 하지만 이 말은 습관을 낳을 수 있고 자꾸 사용하다 보면 부정적인 영향을 미칠 수 있다.

나는 머지않아 다른 맥락에서 이 단어를 다시 듣게 되었다. 대형 소프트웨어 기업에서 컨설턴트로 일할 때였다. 내가 참여한 프로젝트는 복잡했으며 대규모 팀이 관여했다. 나는 우리 팀이 그때까지 완성한 작업이 자랑스러웠다. 우리는 긴 시간 몰입했으며 야근도 불사하며 일했다. 우리의 성공을 확신했고 회사에도 큰 도움이 될 것이라 자신했다. 유일한 장애물이 있다면 그 회사의 CEO였다. 그는 이따금 예고 없이 나타나 우리가 수행한 작업을 쓱 둘러보고는 개선점을 제안했다. 하지만 그건 의견이 아닌 비판이었다. CEO는 가장 똑똑한 사람이어야 했건만 모두가 알다시피 그런 경우는 드물다.

우리는 CEO가 나타날 때마다 흠칫했다. 그가 제발 우리를 가만히 내버려 뒀으면 싶었다. 그는 그러지 않았다. 우리는 프로젝트의 성공을 전부 그의 공으로 돌리려고도 했다. 어차피 온갖 성과가 그의 공으로 돌아갈 게 뻔했기 때문이었다. 그는 제멋대로 활보하는 밥맛없는 상사의 전형이었다. 그는 우리를 하찮은 컨설턴트 취급했다. 그가 방문할 때마다 대혼란이 일어났고 진척되던 프로젝트는 망가지기 일쑤였다. 한번은 그가 우리를 불러 모으더니 프로젝트 접근법을 바꾸자고 하는 것 아닌가.

동료 1명이 믿을 수 없다는 듯 눈을 크게 떴다. 그러더니 눈알을 굴리면서 나지막하게 웅얼거렸다. "될 대로 되라지."

CEO 때문에 불필요한 재작업을 해야 할 판이었다. 재작업만큼 프로젝트팀의 사기를 꺾는 일은 없다. 그 동료는 "될 대로 되라지"라고 다시 한번 크게 말했다. 재작업에 투입하는 시간당 급여를 받으면서 말이다. 체념과 반항으로 가득한 '쌍시옷 욕설'을 투척하는 편이 나았을지도 모른다. 우리는 일순간 숨을 죽였다. 동료의 한마디에 회의실 분위기가 일순간 썰렁해졌다. CEO가 그 자리에서 프로젝트를 중단시킬 수도 있었다.

그 동료는 "될 대로 되라지"라고 하는 대신 나중에 팀원들과 계획을 세우겠다는 결정을 할 수도 있었다. 아니면 "할 수는 있지만 그렇게 되면 이 프로젝트가 지연된다는 걸 아세요?" 같은 질문을 던질 수도 있었다. 아니면 그냥 입 다물고 있을 수도 있었다. 동료의 투덜거림은 프로젝트의 운명을 위태롭게 했다. 동료의 태도는 상황을 개선할 의지가 없다는 메시지를 팀원들에게 전달했다. 그가 보인 '알게 뭐람' 식의 태도가 너무 실망스러워 우리는 더 이상 그를 믿을 만한 동료로 생각할 수 없었다. 그 한마디로 자신도 모르게 프로젝트와 자신의 명성에 해를 끼친 것이다.

10대 아이의 설명과 내 동료가 내뱉은 말 때문에 나는 점들을 연결할 수 있었다. '될 대로 되라지'라는 말은 수많은 의미를 내포할 수 있는 데다 무엇보다도 우리에게 피해를 줄 수 있다. 이 말은 무해하지 않다. 이 문장을 사용하는 사람에게 장단기적인 피해를 안기는 유해한 말이다. 아이들이 타는 미끄럼틀과 사다리 보드게임과도 비슷하다. "될 대로 되라지"라고 말할 때마다 미끄럼틀에서 미끄러지고, 결정을 할 때마다 사다리를 타고 올라갈 기회를 얻는다. 10대 아이는 "될 대로 되라지"라는 말로 상황을 묵살시키는 바람에 수많은 모험을 놓쳤을지도 모른다. 아이는 수학여행에 가거나 새로운 팀을 꾸리거나 친구를 새로 사귀는 대신 냉담한 태도로 기회를 흘려보냈다. 나의 동료는 밥맛없는 클라이언트 앞에서 그 단어를 사용하는 바람에 해고당할 수도 있었다. 혹은 마음속으로 프로젝트의 진척을 포기했을지도 모른다. 확실한 사실은 그가 그러한 태도를 보이는 바람에 동료들의 신뢰를 잃었다는 점이다.

이 단어는 게으름뱅이, 겁쟁이, 비협조적인 개인주의자와 관련된 수많은 메시지를 전한다. 대개 부정적인 모습으로 말이다. '될 대로 되라지'라는 문장에 다차원적인 의미가 담겨 있는지도 모르겠지만, 이 말을 사용할 때 우리는 거의 언제나 꼭 필요한 결정이나 선택을 미루거나 포기한다. 이 단어는 간접적인 저항 행위가 될 수도 있다. 나는 인생은 선택의 연속이며 부정적인 태도보다는 긍정적인 태도로 임하는 편이 낫다고 믿는 사람이다. 그렇기에 '될 대로 되라지' 식의 태도를 우리의 삶에서 솎아낼 작정이다.

리더들을 대상으로 강의를 하고 연구하면서 나는 의사결정에 늘 따라오는 메시지와 "될 대로 되라지"라는 말을 낳는 요인을 알아냈다. 당신이 성공하고 싶다면, 인생에서 '될 대로 되라지' 마인드를 걷어내고 싶다면, 다음의 사항을 명심하자.

1. 의도적인 삶을 산다.
2. 자기 인식을 한다.
3. 책임을 진다.
4. 위험을 기꺼이 감수한다.
5. 선택에는 행동이 뒤따름을 인정한다.
6. 하루를 선택으로 시작한다.
7. 후회할 수 있음을 받아들이며 다음으로 나아간다.

앞으로 각 장에서 위 사항들을 자세히 살펴볼 것이다. '될 대로 되라지' 마인드에서 벗어나려면 이 7가지 행동을 확실히 익혀야 한다. 크고 작은 결정을 피할 때 경험하는 갇힌 느낌에서 벗어나려면 이 보편적인 행동들에 숙달되어야 한다.

'될 대로 되라지' 마인드가 이토록 만연한 현상이 그리 놀랍지는 않다. 우리는 학교에서 결정하는 법을 배운 적이 없다.

고등학생들은 학교에서 미적분이나 고전문학을 배우지만 주어진 정보로 결정하는 방법은 알아서 깨우쳐야 한다. 심지어 대학을 선택할 때도 마찬가지다. 오랜 기간 영향을 미치는 선택임에도 아무런 정보 없이 결정한다. 구내 서점에서 파는 후드티의 종류, 귀여운 캠퍼스 투어 리더 같은 수많은 변수를 바탕으로 대학을 선택할 수도 있지만 장학금 지원이나 졸업 후 취업 전망 같은 변수들을 고려하면 좀 더 나은 결정을 할 수 있다. 어떤 경우든 '될 대로 되라지' 마인드는 이 방정식 안에 없다. 차이를 가져오는 데 필요한 노력과 함께 "될 대로 되라지"라는 말을 삼가는 게 얼마나 중요한지를 보여주는 단순한 모듈이 교육 과정에 포함되어야 한다.

　의사결정은 복잡하다. 여러 선택지 중 하나를 골라야 하기 때문만이 아니다. 애초에 인간이란 복잡한 존재이기 때문이다. 그렇다 해도 좀 더 행복하고 성공적이며 균형 잡힌 삶을 살려면 "될 대로 되라지"라고 말하는 태도는 집어치우자.
　의사결정에 관한 연구들은 사회과학, 비즈니스, 심지어 로맨스에 이르기까지 광범위하다. 학자들은 뇌가 작동하는 방식을 끊임없이 연구한다. 우리가 선택하는 과정은 계속해서 진화하고 획기적인 발전을 거듭하는 일종의 과학이다. 하나같이 중요한 업적이다. 그러나 나는 광범위한 실험이나 학문적인 연구를 하는 사람이 아니다. 내 생각은 나만의 것이며 직장이나 일상생활에서 내가 관찰한 내용이 토대가 되었다. 컨설턴트로서 나는 "될 대로 되라지"라고 말하는 대가로 보수를 받는 게 아님을 일찌감치 깨달았다. 나는 추천을 하는 대가로 보수를 받았다. 이 책에서도 나는 온갖 추천을 할 것이다. 선택은 당신의 몫이다.

이 책은 누구나 쉽게 이해할 수 있도록 쓰였다. 아무 장이나 펼치고 읽어도 좋다. 이 책에는 당신이 자신만의 여정을 떠나는 데 도움이 되는 주제, 규칙, 교훈, 목록, 이야기, 설문조사, 도구가 모두 담겨 있다. 이 책을 '될 대로 되라지' 마인드를 무찌르기 위한 연습장으로 생각하자. 각 장마다 전혀 복잡하지 않은 의사결정 도구를 소개할 것이다. 내가 무슨 생각을 하는지, 나의 일정이 어떤지는 나 자신만 안다. 최고의 나를 만드는 온갖 변수를 의사결정의 제단에 바칠 수 있는 사람도 나뿐이다.

나는 당신이 성공하기를 바란다. 일에서 의미를 찾기를 바란다. 커리어의 주인이 되기를 바란다. 사소한 결정조차 얼마나 중요한지 이해하기를 바란다. "될 대로 되라지"라는 말을 멀리하기를 바란다.

친구들이 '될 대로 되라지' 증후군에서 벗어나는 방법에 관한 책을 쓰라고 제안했을 때 나는 "알 게 뭐야"라고 말하며 안 들은 셈 쳤을 수도 있었다. 하지만 그러지 않았다. 리더로서, 부모로서, 듣는 이로서 나는 선택이 중요함을 안다. 결정하는 습관은 중요하다. 당신이 "될 대로 되라지"라고 말하지 않기를, 이 책에서 전하는 내용에 귀 기울이기를 바란다.

전 FAA(미국 연방항공국) 청장인 마이클 위에르타는 크고 작은 선택의 중요성을 잘 알았다. 그는 미국 역사상 가장 오래 재임한 FAA 청장이다. 항공우주 산업의 리더인 그는 현재 교사이자 멘토로 활동하고 있다.

그는 말한다. "FAA에서는 아주 단순한 방법을 취합니다. 특정한 날, 이륙한 비행기와 착륙한 비행기의 수가 같다면 성공적인 날이죠. 우리가 의사결정을 내리는 과정은 이처럼 늘 명확합니다."

모든 조직이 이처럼 단순한 방법을 취한다면 정말 행복한 세상이 오지 않을까? '될 대로 되라지'라는 태도는 FAA의 DNA에 없다. 마이클은 껄껄 웃으며 시나리오를 예로 들어 설명했다.

"여러분이 비행기를 탔는데 조종사와 항공교통관제소ATC 간의 대화가 들린다고 생각해보세요. 조종사와 ATC가 회전, 검문소, 활주로, 날씨, 교통량 등에 대해 끊임없이 얘기하는 잡음으로 가득한 채널이죠. ATC의 지시를 들은 비행기 조종사가 '어떻게든 되겠지'라고 말한다? 절대로 있을 수 없는 일이죠!"

마이클은 다른 정부 기관은 FAA처럼 민첩하게 의사결정하지 않는다는 사실을 안타깝게 여긴다. 전략을 미루는 일이 비일비재하다. 다시 말해 결정이 내려지지 않는다.

"어느 순간에는 뭐든 상관없으니 그냥 결정하고 다음 단계로 넘어가자고 생각하게 됩니다. 이따금 더 이상 배울 것이 없는 지점에 도달하는데, 그때가 바로 결정할 때입니다. 길고 복잡한 정책을 따라야 할 때 정부 직원들조차 체념하곤 하죠. 집단으로 '될 대로 되라지' 태도에 쏠린 거예요. 이거야말로 결정이 너무 늦었다거나 정책을 바꾸거나 단순화해야 한다는 신호입니다. 정책을 시행한 결과가 명확하지 않다면 굳이 왜 그 정책을 지속해야 하죠? 명확성과 결과 모두 결정의 일부가 되어야 합니다. FAA에서는 명확한 정책이 있으며 모두가 이를 잘 시행하죠. 효과가 없으면 바꾸고 다음 단계로 넘어갑니다. 우리에게는 '일단 처리해라'라는 비공식 슬로건이 있어요."

마이클의 커리어는 언제나 목표를 바탕으로 했으며 그는 이 목표를 달성하기 위해 수천 번의 결정을 했다. 그 길에서 "될 대로 되라지"라고 말한 적은 단 한 번도 없었다.

될 대로 되라지 체크리스트

'될 대로 되라지'라니, 나와는 먼 이야기 같은가? 다시 한번 생각해보자. 다른 이들을 비난하기 전에 나 자신에게 적용될 수 있는 몇 가지 상황을 생각해보자.

- □ 탕비실에서 "뒷정리는 스스로 합시다"라는 글을 보고도 이미 잔뜩 쌓인 컵 위에 자신의 컵을 얹은 적이 있는가?
- □ 출근길에 '오늘은 아무것도 안 할 거야, 그러고 싶지 않아'라고 다짐한 적이 있는가?
- □ 직장 동료나 고객에게 이유 없이 못되게 군 적이 있는가? 갑자기 진상처럼 행동한 뒤 나중에 후회한 적이 있는가?
- □ 줌 미팅 때 아무 고민 없이 후드티를 입은 적이 있는가?
- □ 휴대폰을 들고 화장실로 가서 오랫동안 동료들로부터 숨어 있던 적이 있는가?
- □ 곤란한 문제를 해결하고 싶지 않아 답하기 난처한 이메일을 외면한 적이 있는가?
- □ 습관처럼 늦잠을 자고 출근을 끔찍이도 두려워하는가?
- □ 이틀 넘게 똑같은 옷을 입는가?
- □ 무언가 신경이 쓰이는데 그게 뭔지 모르겠는 기이한 감정을 종종 경험하는가?
- □ 싫어하는 친구들과 억지로 어울리는가?
- □ 단지 시간을 때우려고 회의를 잡거나 회의에 참석하는가?
- □ 별로 먹고 싶지 않은데도 2그릇째 먹는가?

앞 페이지의 질문 가운데 '그렇다'라고 1개라도 답했다면 '될 대로 되라지' 마인드가 당신의 삶에 침투한 것이다. 계속 읽어나가길 바란다.

중요한 결정을 고민할 때
'아무거나'는 선택 사항이 될 수 없다.

1장

'될 대로 되라지' 세상

성급한 결정을
용기나 지식과 혼동해서는 안 된다.
결단력 있게 행동하되
나에게 주어진 시간과
주요 고려 대상을 심사숙고하자.

—빌 블랙먼

미루기 중독 사회

롤링스톤스는 이렇게 노래했다. "원하는 걸 항상 가질 순 없어/ 하지만 조금 노력하면 알게 될 거야/ 필요한 걸 얻게 된다는 걸." 이 노랫말에 '될 대로 되라지' 따위의 발상은 없다.

의사결정은 복잡한 일이다. 타협이 필요하며 두려움이 따르는 데다 살필 것도 많다. 오해가 생길 수도 있고 골치 아플 수도 있다. 이따금 우리는 '연말이 되기 전에 새로운 일자리를 찾기로' 정하고 자기 자신과 약속한다. "주식 상장 때까지만 버틴 다음 그만둘 거야"라며 팀원들에게 자신의 결정을 알리기도 하고 '이 숫자들을 조작해서라도 내가 원하는 걸 얻고 말 거야'라며 악마와 거래하기도 한다. 물론 아무런 결정을 하지 않을 때도 있다. "나는 이 일이 마음에 들어. 내 라이프스타일에도 맞고. 계속해볼 거야." (사실 이것도 결정이다.) 어떤 경우든, 우리는 이것저것 따져보고 복잡한 변수들을 고려해 결정한다. 결정하기 위한 결정을 한다. 할렐루야! 문제는 결정하지 않을 때다. '될 대로 되라지' 마인드다. 좋은 결정을 하는 일은 누구나 배울 수 있는 기술이다. 자신을 이해하고 선택지를 살핀 뒤 고르기만 하면 된다.

리더가 저지르는 가장 터무니없는 실수는 우유부단함이다. 애매모호한 태도, 줏대 없음, 위험회피 성향 등 어떻게 해석하든 우유부단함("나중에 다시 얘기하자") 그 자체가 발현된 것이 바로 '될 대로 되라지' 마인드다. "될 대로 되라지"라는 말을 달고 사는 사람은 리더 자리에 오래 머물지 못한다. 이때 리더로서 결정하는 일을 회장이나 CEO의 역할로만 단정 짓지는 말자. 볼링팀이든, 교회 모임이든, 가족 내에서든 우리는 모두 어떠한 조직의 리더다. 적어도 우리는 내 삶의 주인이자 리더다. 우리는 내 커리어의 주인이므로 무슨 일이 있어도 '될 대로 되라지' 마인드를 물리쳐야 한다.

아이러니하게도 "될 대로 되라지"라는 말을 사용하는 사람들조차 막상 타인에게서 이 말을 듣고 싶어 하지는 않는다. 뉴욕에 있는 메리스트대학에서는 매년 일상 대화에서 사용되는 가장 짜증 나는 단어나 표현이 무엇인지 조사한다. 해마다 가장 듣기 싫은 표현 1위는 '될 대로 되라지'이며 '기분 나쁘게 듣지는 마', '그렇지만', '그러니까' 같은 표현이 근소한 차이로 뒤를 따른다.

"될 대로 되라지"라고 해서는 안 되는 이유

우리는 왜 "될 대로 되라지"라고 말할까? 우선 쉽기 때문이다. 이따금 게을러서 그렇게 하기도 한다. 때로는 말하기도 귀찮아 어깨를 으쓱한다든지, 아무 대답도 안 한다든지, 눈썹을 치켜뜬다든지, 가운뎃손가락을 들어올린다든지, 집에 오자마자 문을 쾅 닫는 등의 행동을 하기도 한다. 이 표현에는 별도의 설명이 필요 없다. 앞서 '될 대로 되라지'가 우유부단함의 증상이라고 설명했다. 그러나 선택의 위험을 감당하지 못하고 우유부단하게 행동하는 바람에 기회를 놓쳤다는 사실을 깨달으면 어떨까? 당신이 나와 같다면 그다지 유쾌하지는 않을 것이다.

우리 대부분은 결정을 유예하는 잘못을 저지른다. 때로는 아예 외면하기도 한다. 그러면서 이 저주받은 말을 내뱉는다. 그리고 그 결과에 고통받는다. '될 대로 되라지'가 우리 삶에 파고드는 이유는 셀 수 없이 많다. 습관 때문일 수도 타고난 성격 때문일 수도, 그저 결정의 결과를 책임지고 싶지 않아서 일 수도 있다. 모두가 이것 혹은 저것을 끊임없이 선택해야 하는 상황 앞에 지친다. 누구나 결정하는 데 피로를 느낄 수 있다. 선택이란 진을 빼는 고된 일이기 때문이다. 때로는 선택하고 싶어 하지도 않는다. 하나를 선택하면 다른 선택지가 사라지기 때문이다. 바닐라 아이스크림을 선택하면 초콜릿 아이스크림을 먹을 수 없다.

결정하는 일에 지칠 때 우리는 할 수 있는데도 선택을 미루는 경향이 있다. 한 술 더 떠서 절대로 결정하지 않고 그에 따른 결과를 받아들이기도 한다. 그러면서 우리는 늘 별일 아니라고 말한다. "나는 결정하고 싶지 않아. 앞으로도 그럴 거야"라고 말한다. 그럼으로써 늘 자기 자신을 의심하고 상황을 더 악화시키는 비극적인 결말로 자신을 내몬다. '될 대로 되라지' 마인드를 장착하는 순간 우리의 이미지는 타격을 입는다. 우리는 그러한 태도가 의미하는 그대로 세상에 보여진다. 결정하지 못하는 사람 혹은 복잡한 세상에 굴복한 사람으로. 이러한 태도는 우리에게 해롭다. 시간을 잃고, 기회를 잃고, 사랑을 잃고, 관계를 잃고, 자존감을 잃게 되기 때문이다. 자, '될 대로 되라지' 마인드를 당장 집어치워야 할 이유가 더 필요한가?

'될 대로 되라지' 선택지는 없다

마케터는 선택 앞에 게을러지는 인간의 습성을 잘 알고 있다. 소비자는 선택을 내릴 때 도움받기를 원한다. 〈컨슈머 리포트〉 같은 잡지가 존재하는 이유다. 〈컨슈머 리포트〉는 온갖 도표와 권고사항을 제시하며 소비자를 '될 대로 되라지'의 함정에서 *끄*집어낸다. '하우스 오브 프라임 립'은 샌프란시스코에서 유명한 레스토랑이다. 사람들은 무엇을 먹을지 모르는 상태로 그곳을 찾지 않는다. 최상급 립을 먹기로 결정했기 때문에 그곳에 간다. 아무도 그 레스토랑의 메뉴판을 열어본 뒤 "아무거나 먹지 뭐"라고 말하지 않는다.

역사가들은 '될 대로 되라지' 마인드와 관련해 우리가 과거로부터 배울 수 있다고 말한다. 역사는 선택을 내리지 못한 사람들이 이룩하지 않았다. 선택한 사람들이 역사를 만들어왔다. 돌이켜보면 최고의 선택은 아니었을지 모르지만 당시의 제한된 정보를 바탕으로 내린 최선의 선택이었다. 이 사실에서 교훈을 얻어야 한다. 물론 악당도 결단력이 있을 수 있다. 하지만 악당은 선한 결과를 추구하지 않는다. 악당의 결단력은 주의하자.

디자이너는 사람들이 특별해 보이고자 자신이 만든 옷이나 제품을 선택하기를 바란다. 사람들은 저마다 편안하거나 화려하거나 레트로 스타일 등 다양한 스타일의 옷을 고른다. 하지만 '아무거나' 스타일을 고르는 사람은 없다. '아무거나' 패션은 추구하지 말자. 코코 샤넬의 말을 빌리자면 "모르는 일이다, 오늘 운명의 상대와 데이트를 하게 될지. 운명을 맞이할 때 가능한 한 멋지게 입으면 좋지 않겠는가."

큰일이 발생하면 나머지 일들에는 '될 대로 되라지' 마인드로 임할 수 있다. 이때의 '될 대로 되라지'는 '나는 포기한다'라는 의미다. 어디에서나 주의를 앗아가는 것들이 넘쳐나고 매번 누군가 사사건건 시비를 건다면 효과적으로 결정하기가 쉽지 않다. 시도 때도 없이 도착하는 문자와 이메일은 우리의 집중력을 망치기 일쑤다. 우리를 방해하는 요소는 끝도 없이 나타나 효율성을 떨어뜨린다. 시급하고 중요한 문제들 가운데 무언가를 선택하는 일은 리더의 일과 중 하나다. '될 대로 되라지'라고 결정할 수는 없다.

나는 결정할 게 별로 없다고? 다시 한번 생각해보라. 누구나 하루에 수천 번의 결정을 내린다. 음식에 관해서만 수백 건의 결정을 한다. 샌드위치를 주문하는 일상적인 행동을 생각해보자. 사이즈는? 빵 종류는? 소스는? 치즈는? 사이드 메뉴는? 음료는? 가져갈 건가, 먹고 갈 건가? 전부 사소한 선택들이지만 "아무거나"라고 대답했다간 상상도 못한 샌드위치를 먹게 될 것이다.

지난번 마트에 갔던 때를 떠올려보자. 마트에 도착하면 수 많은 시리얼과 수백 개의 통조림, 온갖 모양의 파스타와 채소 가운데 살 것을 고른다. 모두가 그러한 선택을 할 수 있는 건 아니므로 일종의 호사다. 아프리카에서 대규모 기업가 프로젝 트를 이끄는 샘 알레마예후의 말에 따르면 소외계층은 자신 들에게 어떠한 결정 권한도 없다고 믿기에 '아무거나' 마인드 를 지닐 수 있다고 한다. 실제로 오랫동안 수많은 사람이 목소 리를 잃은 채로 살았으며 많은 사람이 여전히 그러한 삶을 살 고 있다. 목소리가 없으면 선택을 고려하는 게 무의미하다. 아 무런 선택도 할 수 없기 때문이다.

가난한 이민자였던 샘은 힘 있는 사람들이 그 힘으로 자신 들의 삶에 긍정적인 영향을 미치는 선택을 내리지 않는 것을 안타깝게 생각한다.

우리가 일상에서 내리는 평범한 결정은 대부분 그리 복잡 하지 않다. 이러한 결정은 누구나 빠르게 한다. 직장 동료와 점심 먹으러 가는 결정이 얼마나 어렵겠는가? 하지만 이 방정 식에 새로운 변수가 더해지면, 특히 우리가 통제할 수 없는 변 수가 더해지면 선택은 조금 더 어려워진다. 동료가 함께 점심 을 먹겠냐고 물을 때 우리는 흔쾌히 답한다. 당신이 좋아하는 동료 몇 명이 함께할 예정이다. 그런데 그 자리에 별로 좋아하지 않는 회계 부서 동료도 함께한다고 한다. 게다가 이런, 중국 식당에 갈 예정이다. 중국 음식을 먹으면 소화가 잘 안 되는데……. 한 술 더 떠서 상사가 오후에 회의를 하자고 한다. 이제 점심을 먹는 단순한 결정은 더이상 단순해 보이지 않는다. 그래서 당신은 더 이상 기다릴 수 없을 때까지 어깨를 으쓱거리며 결정을 미룬다. 결국 동료들은 자기들끼리 점심을 먹고, 당신은 중얼거린다. "처음부터 별로 가고 싶지 않았어."

점심 식사와 관련된 결정과 변수들을 수천 개의 다른 결정에 곱해보라. 결정하는 일이 그토록 어려운 것도 당연하다. 변수나 결과는 보통 우리의 통제 밖에 있기 때문이다.

결정이 그토록 어려운 이유

사람마다 다른 결정을 한다. 우리가 어떠한 사람인지에 따라 결정이 좌우된다. 결정이 우리를 좌우하기도 한다. 우리는 자신만의 렌즈로 결정과 선택을 바라본다. 나에게는 큰 결정이 여러분에게는 작을 수 있다. 여러분에게는 엄청난 결정이 나에게는 그렇지 않을 수 있다. 그 결정에 많은 것이 걸려 있다고 생각하면 결정이 더욱 쉽지 않다.

선택지가 비슷하고 모두 마음에 들 경우에도 선택이 쉽지 않다. 나는 터키 샌드위치도 좋지만 로스트 비프 샌드위치도 좋다. 매일 점심 메뉴를 고를 때마다 선택하기 힘들다. 하지만 절대로 '아무거나'를 주문하지는 않는다.

때로는 과거의 결정 때문에 두려움에 사로잡혀 있을 수도 있다. 아주 사소한 결정일지라도 그것이 좋지 않은 기억을 상기시키는 바람에 선택을 두려워할지도 모른다. "지난번에 태국 음식을 골랐는데 별로였어. 못 고르겠네. 그냥 빵이나 먹을까 봐. '아무거나' 먹지 뭐."

올바른 타이밍은 '바로 지금'

우리는 선택을 두고 고심하기도 한다. 미루는 편이 더 안전하게 느껴지기 때문에 이따금 아무 결정도 하지 않는다. '그건 나중에 걱정할래'라는 생각은 마음을 편안하게 만들어줄지 모르지만 피할 수 없는 상황을 미루는 행동일 뿐이다. 결정을 미루는 습관은 분석 불능 상태, 심지어 건강상의 문제를 야기할 수 있다. 심리학자들은 의사결정을 하지 못하는 바람에 겪게 되는 정신적 고통이 자신감을 낮추고 우울증을 불러올 수 있다고 말한다. 때로는 올바른 결정을 고민하느라 자신을 괴롭히느니 아무 결정이라도 해야 앞으로 나아갈 수 있다.

뉴저지 마을의 경찰인 내 친구 앤디 얘기를 들려드리겠다. 앤디는 공동체에 봉사하는 자신의 일을 좋아했다. 그는 시험에 통과해 청장 자리를 제안받았다. 그런데 그때부터 고문이 시작되었다. 연봉이 높은 으리으리한 직책이었기에 대부분의 사람이라면 얼씨구나 하며 응했을 것이다. 하지만 앤디는 결정을 내리지 못한 채 정말로 괴로워했다. 막중한 책임이 뒤따르는 데다 모두의 관심이 쏠리는 그 자리를 맡아 기대에 못 미치는 성과를 낼까 봐 두려웠을지도 모른다. 아니면 자신이 만족하는 현재의 삶에 생길 변화를 원치 않았을지도 모른다. 승진을 거절하기로 결정하자 비로소 고문이 끝났다. 그는 자신의 선택을 지금까지 단 한 번도 후회하지 않았다.

'올바른 시기는 십중팔구 바로 지금이다'라는 격언은 의사결정에도 적용할 수 있다. 연구 결과에 따르면 빠른 결정은 조직은 물론 나의 커리어를 발전시키는 데 좋은 연습이 된다.

베인앤컴퍼니가 10년간 기업 1000곳을 대상으로 연구한 바에 따르면, 의사결정 효율성과 경영 성과 간에 확실한 상관관계가 있음을 알 수 있다. 실적이 좋은 기업은 그렇지 않은 기업보다 의사결정을 빨리, 좀 더 수월하게, 더 자주 내렸다. 반면 수개월 동안 결정을 숙고한 기업은 경쟁사가 그들을 앞지르는 동안 성장이 정체되는 경험을 했다.

이럴 때 '2분 규칙'을 활용할 수 있다. 스스로 정한 기한에 맞춰 행동을 강제하는 것이다. 방법은 간단하다. 타이머를 맞

---

* Bain Decision and Organization Effectiveness Survey, January 2013. (베인 의사결정 및 조직 효율성 조사, 2013년 1월.)

춘 뒤 결정하면 된다. 시간제한을 두면 장단점을 빠르게 평가해 신속하게 결정에 이를 수 있다. 이 단순한 도구는 수많은 상황에 쉽게 적용할 수 있다. 단, 정말로 중대한 결정에는 적합한 방법이 아니다.

빠르게 결정하면 피드백할 시간은 물론 잘못된 결정을 원상 복구할 시간도 확보할 수 있다. 와드 커닝햄은 결정을 미루며 시간을 낭비하느니 아무 결정이라도 내리는 편이 낫다고 생각한다. 그는 인터넷의 필수 요소이자 지금은 널리 알려진 여러 아이디어를 제안하고 발전시킨 뛰어난 컴퓨터 프로그래머다. 인터넷에서 빼놓을 수 없는 요소이자 수많은 웹사이트의 근간인 위키 소프트웨어를 발명했으며 1995년에는 최초의 인터넷 위키인 위키위키웹 사이트를 만들기도 했다. 그는 언제든 뒤집을 수 있는 빠른 의사결정의 중요성에 대해 이렇게 말했다.

"중요하지 않은 결정을 고민하느라 우리가 얼마나 많은 시간을 낭비하는지 모른다. 결정을 하고 무슨 일이 일어나는지 볼 수 있다는 사실 자체만으로 큰 힘이 된다. 하지만 그러기 위해서는 일이 잘못됐을 때 곧바로 시정할 수 있는 환경을 구축해야 한다."

코넬대학교 연구진은 우리가 일상에서 마주하는 선택의 가짓수에 관해 방대한 연구를 진행한다. 그들의 예측에 따르면 우리는 매일 대략 3만 5천 개의 결정을 내린다고 한다. 그중 음식에 대한 결정만 200개가 넘는다. 우리의 뇌는 의식적으로 깨닫기도 전에 결정한다. 그런데도 선택의 순간에 머뭇거릴 뿐 아무런 행동도 취하지 않을 때가 많다. 주저하며 앞에 놓인 선택들에 '될 대로 되라지'라는 마음으로 다가간다. 선택이 마음에 들지 않거나 두렵기에 주저하는 것이다.

시간이 의사결정에 미치는 영향에 관한 연구 또한 넘쳐난다. 우리가 머지않아 더 똑똑해지지 않는다면 지금 결정하는 것이 낫다는 게 일반적인 결론이다. 그렇지 않다면 우리는 결코 결정하지 않을 것이다. 머뭇거린다는 건 아무런 결정도 내리지 않는 것과 같다.

결정을 빨리 할수록 성공할 확률이 높아진다는 주장을 뒷받침하는 연구 역시 쏟아지고 있다. 〈맥킨지 쿼터리〉 2019년 5월호에 실린 논문을 보자. '좋은 결정이 느린 결정일 필요는 없다'라는 제목에 모든 내용이 담겨 있다. 논문에 따르면 우리는 자신의 경험을 바탕으로 빨리 결정할수록 의사결정의 질이 낮아진다고 생각하지만, 반드시 그렇지는 않다고 한다.

비합리적이거나 조건반사적인 결정이 성공의 비밀이라는 뜻이 아니다. 작은 결정이라면 내부 메커니즘에 따라 빠르게 처리할 수 있다. 우리 내부에 장착된 의사결정 기술은 발달시

켜야 하는 근육과도 같다. 신속한 의사결정을 몸에 익히면 언제나 절대적으로 가장 좋은 결정을 내리지는 못하겠지만 결정을 원상 복구할 수 있다. 너무 늦기 전에 궤도를 수정할 수 있다. '될 대로 되라지' 마인드를 고수한다면 바로잡을 결정조차 없어진다. 하지 않은 결정만 있을 뿐이다.

물론 절대로 성급하게 해서는 안 되는 결정도 있다. 라스베이거스 예식장에는 성급한 결정을 내린 사례가 넘쳐난다. 결혼할지 말지, 굉장한 승진 기회를 잡기 위해 가족의 터전을 옮길지 말지, 몸담은 분야를 떠나 새로운 일을 시작할지 말지 같은 결정을 고민할 때는 충분한 시간을 들여 정보를 모으고 최상의 선택을 고심해야 한다.

우리가 후회하는 결정은
하지 않은 결정이다

사람들이 가장 후회하는 결정은 선택의 여지가 없었던 결정이나 자신이 내리지 않은 결정이라고 한다. 다니엘 핑크는 《후회의 재발견》에서 '세계 후회 설문조사'를 실시했다. 105개 국가에서 1만 6천 명이 넘는 사람들을 대상으로 후회에 관한 질문을 던지고 답을 받았는데, 응답자들의 답은 애매모호하지 않았다. 자신이 한 일보다 하지 않은 일을 후회한다고 대답한 사람이 압도적으로 많았다. 가장 후회되는 일 가운데에는 공부를 더 하지 않은 것, 여행 갈 기회를 거절한 것, 사랑하는 사람과 연결될 결정적인 기회를 놓친 것 등이 있었다.[*]

그러니 일단 선택한 뒤 하지 않은 선택에 대해서는 후회하

---

[*] 《다니엘 핑크 후회의 재발견: 더 나은 나를 만드는, 가장 불쾌한 감정의 힘에 대하여》, 다니엘 핑크 지음, 김명철 옮김, 한국경제신문, 2022.

지 않는 편이 낫다. 물론 선택지를 꼼꼼히 따져보지도 않은 채 성급히 뛰어드는 건 바람직하지 않다. 하지만 되도록 빠르고 간명하게 결정해야 한다. 심사숙고가 아니라 '마감'이야말로 결정에 도움이 된다는 사실을 기억하자.

양자택일의 시나리오를 마주할 때는 주의해야 한다. 극단적인 최후통첩 앞에서 우리는 보통 '아무것도' 안 하는 편을 택한다. 이기거나 지는 선택 사이에는 두 시나리오의 수많은 변형이 존재한다. 이 세상은 양자택일로 이루어져 있지 않다. 특히 민감한 선택과 복잡한 관계에는 이기거나 지는 흑백논리를 적용해서는 안 된다. 복잡한 시나리오는 애매한 승리나 모호한 패배로 분류될 만한 온갖 사소한 결정들로 이루어진다. 이 모두를 애매한 승리로 생각하자.

우리는 미래를 예측하며 선택한다. "오늘 점심으로 터키 샌드위치를 먹겠어"라고 말한 뒤 몇 시간 후 터키 샌드위치를 먹는다. 나의 목표를 수행하는 데 가장 도움 되는 선택지를 고르는 편이 언제나 바람직하다. 터키 샌드위치든, 대학이든, 우리가 목표를 향해 곧장 나아가게 만드는 선택이 올바른 선택이다.

큰 결정은 사실 그다지 많지 않다. 성공적인 커리어를 일구려면 수많은 자잘한 선택들을 잘 내려야 한다. 그렇다고 결정할 때마다 감정을 소모하고 장단점을 꼼꼼히 비교하며 운명의 갈림길에 선 양 불안해하라는 말은 아니다. 사소한 결정은 중요하며 사방에 널려 있으므로 관심을 가지라는 얘기다.

좋은 선택을 위한 3가지 도구와 팁

사탕 가게에 가면 많은 선택지가 주어진다. 와인 가게 역시 마찬가지다. 그러나 여기까지다. 직장에서나 인생에서 우리에게 주어진 선택지가 와인 리스트만큼 많지는 않다.

무언가를 선택해야 할 때 '나의 선택지는 무엇인가?'라고 물어야 한다. 하지만 우리는 보통 선택지를 제대로 살펴보기도 전에 질려버린다. 선택은 대개 한정적이다. 그러므로 우선은 선택지를 잘 살펴봐야 한다.

옵션 1: 지금 이대로

사람들이 으레 고르는 선택지가 이것이다. 그러나 그래서는 안 된다. 시카고대학교 경제학자이자 《괴짜 경제학》의 공동 저자, 스티븐 레빗이 옥스퍼드대학교 〈경제학 리뷰〉에 소개한 연구를 살펴보자. 연구에 따르면, 해당 변화가 긍정적인 결과를 가져올지 엄청난 실수일지 확신할 수 없을 때 우리는 미적거리며 '지금 이대로'를 선택하는 경향이 있다고 한다. '현상 유지 편향status quo bias'이라 알려진 현상이다. 우리는 다른 방향으로 가는 위험을 떠안는 대신 우리가 아는 바를 고수한다.

이 연구는 결정을 힘들어하는 사람들을 대상으로 진행되었다. 연구 결과 변화를 취한 사람들은 현 상황을 고수한 사람보다 훨씬 더 만족한 것으로 나타났다. 레빗은 보도자료를 통해 이렇게 말했다. "뭘 해야 할지 모르겠거든 현 상황을 이어가는 대신 변화를 가져오는 행동을 고르는 편이 경험상 낫다고 볼 수 있다."

조직이든 개인이든 변화하지 않을 때 뒤처진다. 현재가 완벽하다고 생각하는 사람은 별로 없다. 대부분 개선의 여지가 있다고 생각할 것이다. 실제로 그렇게 하느냐는 별개의 문제이지만 이쨌든 '지금 이대로'는 3가지 옵션 중 가장 바람직하지 않은 선택지다.

'지금 이대로'는 지루하다. '지금 이대로'는 후퇴한다는 의미일지도 모른다. 옛 방식이나 늘 해오던 방식을 의미한다. 변화가 없는 상태다. 그런 걸 원하는 사람이 어디 있겠는가? '될 대로 되라지' 마인드는 대개 '지금 이대로'를 의미한다.

옵션 2: 부분적인 변화

집을 부수지 않고 실내 장식을 다시 하는 것이다. 비행 중에 비행기를 고치는 것이다. 재건하거나 개편하거나 주요한 변화를 수행하는 것이다. 이 선택지는 변화를 추구하는 것이며 가능성을 의미한다. 얼마큼의 변화를 감당할 수 있는지는 본인에게 달려 있다.

옵션 3: 대대적인 변화

이를 선택하는 경우는 드물다. 한마디로 아수라장이 되는 선택지다. 보라보라섬으로 이사해 인어를 만나거나 선장이 되는 선택이다. 옵션 3은 모험가를 위한 것이다. 우리 대부분은 이 카테고리에 해당되지 않으니 옵션 2로 돌아가자.

전략이나 시행, 계획, 심지어 일상적인 업무에서도 우리는 교착 상태에 빠지기 쉽다. 바로 이때 3가지 옵션이 유용하다. 나에게 주어진 선택지를 명확히 살핀 뒤 그중 하나를 고르면 된다. 미래를 생각하고 가능성을 검토해보자.

최상의 결정은 아무리 사소할지라도 내가 구축하고 싶은 미래로 나를 데려가야 한다.

우리에게는 대개 3가지 옵션만 있다. 지나친 단순화처럼 보일지도 모르지만, 대부분의 선택은 3가지 사이에서 이루어진다. 우리를 미치게 만드는 건 선택의 가짓수가 아니라 선택하는 행위다. 우리에게 주어진 선택지는 대개 한정적이므로 최상의 선택지를 골라보자. 다행이라 생각하게 될 것이다.

복잡해 보이는 커리어에 관한 결정을 내릴 때도 3가지 옵션만 생각하면 된다. 카라의 예를 들어보자. 어느 날 상사가 그녀에게 당신은 재계에서 활동하기에는 마음이 너무 여린 것 같다고 말을 꺼냈다. '비영리 단체나 감정 상하는 일이 없는 곳'에서 일해야 한다고, 모두가 보는 앞에서 말했다. '당신이 언제 울음을 터뜨릴지 몰라 불안하다'라고도 했다. 카라는 상사의 조언을 고맙게 생각했지만, 상황이 좋지 않았다. 지금의 업무가 마음에 들지 않았는데 상사가 새로운 일을 찾아보라고 말한 거였다. 카라에게는 선택지가 있었다. 첫 번째는 상사에게 자신이 지금의 자리에서 얼마나 생산적이고 성공적으로 일할 수 있는지 보여주는 것이었다. 두 번째 선택지는 그의 조언대로 업계를 떠나는 것이었다. '될 대로 되라지'라며 상사의 조언을 흘려버린다면 그 자리에 남아 똑같은 일을 반복하며 상사의 감시하에 괴로워하게 될 터였다. 충동적이었지만 그녀는 즉시 선택을 했다. 다음 날 곧장 사직서를 제출한 것이다. 지금은 유명 기업들의 CEO와 컨설턴트로 활동하는 그녀는 그때 선택을 미루지 않아서 다행이라 생각한다.

매사 카라처럼 과감한 결정을 내리라는 뜻이 아니다. (물론 과감한 결정이야말로 자신이 내린 최고의 결정이었다고 회고하는 사람이 많다.) 단지 모든 결정은 3가지 옵션으로 귀결될 수 있음을 잊지 말라는 뜻이다. 선택을 내리는 데 필요한 정보를 지니고 있고 감정적으로 관여하는 사람은 대개 본인뿐이다. 결정하지 못하는 조직이나 개인의 문제점은 선택지가 너무 많다는 생각에서 벗어나지 못하는 것이다. "더 나은 결정을 했어야 했어"라고 말하지 않도록 3가지 옵션으로 추려보자.

결코 사소하지 않은
일상의 사소한 결정들

아래의 소소한 질문들은 우리가 매일 마주하는 선택들이다. 이 질문들에 '될 대로 되라지'라고 대답할 경우 당신은 내가 했던 실수를 반복할 것이다. 이 끔찍한 단어를 내뱉지 않도록 하자.

오늘 줌 미팅을 준비해야 할까?

'될 대로 되라지' 식이라면 당신은 이렇게 생각할 것이다. '줌 미팅일 뿐이야. 대충해도 아무도 눈치 못 챌 거야.' 틀렸다. 회의 참석자들은 당신의 마인드를 알아챌 것이다.

참석이 의무가 아닌 회의에 들어가야 할까?

나는 한 상사에게서 어떠한 조직에도 '선택적'이라는 단어는 존재하지 않는다는 말을 들은 적이 있다. 하지만 "될 대로 되라지"라는 말은 존재한다. '될 대로 되라지' 마인드를 탑재해 선택적 회의에 참석하지 않을 경우 중요한 사항을 놓칠지도 모른다.

늦을 것 같은데, 그래도 가야 할까?

애초에 '될 대로 되라지' 마인드 때문에 늦었을지도 모른다. 행사에 늦었다고 참석하지 않는 행동은 그러한 태도를 더욱 강화할 뿐이다. 비록 늦었을지라도 가길 바란다. 늦어서 미안하다고 말한 뒤 참석하면 된다.

이메일을 대충 흘려 읽은 뒤 나중에 답장해도 될까?

못 본 척한다고 해서 이미 도착한 이메일이 사라지지는 않는다. '처리해야 할 이메일 잔뜩 쌓아 놓기'가 당신이 이기고 싶어하는 게임은 아니지 않은가. '될 대로 되라지' 마인드로 임할 경우 이메일을 두려워하게 될 뿐이다. 당장 밀린 이메일을 처리하고 메일과의 전쟁에서 승리하는 편이 낫지 않을까?

링크드인에서 일촌을 맺자는 요청을 지금 살펴봐야 할까?

당신은 그 요청들을 무시하고 싶을지도 모른다. 그렇게 되면 나의 인맥이나 경력에 큰 도움이 될 수 있는 흥미로운 관계를 맺을 기회를 놓칠 수 있다.

지난밤 파티에 관해 포스팅하면 누군가 알아볼까?

이 질문에 '알게 뭐야'라고 답할 경우 커리어에 좋지 않은 영향을 미칠 수 있다. 어떤 내용인지에 달려 있겠지만, 애매한 태도의 글을 올릴 경우 상사가 좋지 않게 생각할 수 있다.

인정하자. 별로 중요해 보이지 않는 이러한 결정들에 마주할 때, 우리는 '될 대로 되라지'라고 대수롭지 않게 반응할 수 있다. 이 사소한 결정들 모두가 우리의 인생과 커리어에 영향을 미칠 수 있으므로 미루거나 무시해서는 안 된다. 선택을 하자. "어떻게든 되겠지"라고 말하지는 말자. 어떠한 결정을 내리느냐에 따라 나의 인생은 다른 길로 나아갈 수 있다. 좋을 수도 나쁠 수도 있다. 그렇지만 최소한 스스로 내린 결정이다.

선택은 발전을 가져와야 한다

존 블록은 미국 전역에서 유명한 캔자스 변호사다. 그는 개인과 사업체가 갈등을 피하고 관리하며 해결하도록 돕는다. 사제로서 숙련된 조언자이자 상담사이기도 한 그는 관련 없어 보이는 두 경력을 결합하며 많은 이에게 귀감이 되고 있다.

독특한 이중 경력 덕분에 그는 의사결정과 관련해 남다른 관점을 갖게 되었다.

"나만의 좌우명이 있다면 선택의 불확실한 느낌에서 비교적 쉽게 벗어날 수 있습니다." 존 블록은 자신만의 좌우명이 있으며 이를 바탕으로 살아간다. 그의 좌우명은 다음과 같다. "불우이웃을 돕고 커뮤니티를 구축하고 치유와 화해를 장려하며 정의, 평등, 평화를 증진한다."

그는 우리가 매일 하는 결정은 '내가 이걸 하고 싶은가, 그렇지 않은가?'라는 단순한 질문으로 귀결될 수 있다고 생각한다. 중간은 없다. 다시 말해, 할 만한 가치가 있다면 하고 그렇지 않으면 하지 않는 것이다. 가치 있는 일만 행한다.

"될 대로 되라지"라는 말을 들을 때 존은 자문한다. "나는 어떤 말에 귀 기울여야 할까? 이 사람은 상처받았나? 이 사람이 무언가를 회피하나? 내가 더 살펴봐 주기를 원하는 건가? 이 말 뒤에는 다른 뜻이 숨어 있기 때문에 저는 계속해서 들어야 합니다. 선택은 정말 어려울 수 있어요."

그는 결정이 바람직하지 않은 결과를 낳을 수 있다고 말한다. "감옥과 고해소는 불행한 결과를 초래한 결정을 내린 사람들로 넘쳐나죠. 그들의 결정은 발전과는 거리가 멀고 이따금 비극적이기까지 합니다. 은행을 털겠다는 결정이나 '딱 한 잔만 더' 하겠다는 결정은 안 좋은 결정이죠. '될 대로 되라지'

라고 말하며 아무런 결정도 하지 않는 편이 더 나을 수 있어요. 하지만 지나친 낙천주의자처럼 들리지 않았으면 하는데, 때로는 나쁜 결정이 바람직한 결과를 낳을 수도 있습니다. 한 줄기 빛이 될 수도 있죠. 정량적인 결정은 비교적 쉽습니다. 자료와 지식은 결정에 도움을 줄 수 있지요. 하지만 그것만으로는 충분하지 않을지도 몰라요. 우리는 모두 지혜를 원합니다. 우리를 편안한 선택으로 이끄는 건 지혜니까요. 복잡한 결정을 내리려면 나에게 무엇이 가장 중요한지 깊이 들여다봐야 합니다. 선택은 크기와 관계없이 발전을 가져와야 해요. 변화를 발전과 헷갈려서는 안 됩니다. 아무런 결정을 내리지 않는 건 변화조차 아니에요."

당신만의 좌우명을 세워라.
선택의 불확실함에서 벗어나게 도와줄 것이다.

2장

의도를 가진 선택의 힘

개인적으로 중요한 결정을 내릴 때는
본성이라는 뿌리 깊은 욕망의 지배를
받아야 한다.

―지그문트 프로이트

의도가 명확하면
선택도 명확하다

일단 기억해둘 것! 지금부터 '의도적intentional'은 당신의 '올해의 단어'다. 아니, 근 10년을 통틀어 가장 중요한 단어일지도 모른다. 우리가 결정하는 데 도움이 되는 유일한 핵심 단어일 수도 있다. '의도적'은 당신의 결정에 강력한 영향을 미친다. '의도적'은 당신이 무언가를 염두에 두고 있다는 의미다. 어떠한 결과를, 당신이 계획한 무언가를 생각한다는 뜻이다. 그렇게 만들고 말겠다는 의지를 드러낸다.

의도에는 행동이 따른다는 단순한 문장이 우리의 삶을 바꿀 수 있다. 의도가 명확하면 아무리 사소한 선택일지라도 명확해진다. 살을 뺄 생각이라면 다이어트 중인 것처럼 행동한다. 고객 중심이 목표라면 그 단순한 방향에 따라 선택하고 행동한다. 수익 추구가 목표라면 비용을 줄이거나 가격을 높이기 위한 선택과 행동을 한다. 너무 단순해 보일지 모르겠으나 의도가 명확하면 뒤따르는 행동도 이처럼 명확해진다. 의도가 명확하지 않으면 행동도 명확하지 않기 때문에 결정이 쉽지 않다.

커리어에서 마주하는 큰 결정들

우리가 마주하는 결정은 대부분 사소하다. 경력에 관한 것이든, 조직에 관한 것이든, 심지어 인생에 관한 것이든, 큰 결정은 그다지 많지 않다. 사람들에게 "살면서 마주하는 큰 결정이 얼마나 되나요?"라고 물으면 대부분 10가지 이상 대지 못한다.

직접 조사해보자. 주변에 인생에서 내린 가장 큰 결정이 무엇이었는지, 삶의 경로가 바뀔 만큼 중대했던 선택이 있었는지 물어보아라. 되돌릴 수 없는 선택, 그 선택을 내렸을 때의 기억이 여전히 생생한지 물어보아라. 사람들은 사랑, 결혼, 자녀, 가족 관계, 경력, 종교, 대학, 투자, 집, 은퇴 등에 관해 얘기할 것이다. 그러한 결정에는 기쁨이나 후회 같은 감정이 어려 있을 것이다. 무엇을 후회할까? 다니엘 핑크가 《후회의 재발견》에서 말했듯, 우리는 대개 자신이 내린 선택보다 놓친 기회를 후회한다.

삶과 직업에 따라 매일같이 큰 결정을 내리는 사람도 있다. 뇌외과 의사, 국가 원수, 참전 중인 군 지휘자가 매일 마주하는 결정을 상상해보시라. 그에 반해 평범한 우리가 내려야 할 큰 결정은 그다지 많지 않으며, 대부분 비슷비슷할 것이다.

물론 새로운 일을 찾고 수락하는 것은 큰 결정이다. 일을 그만두거나 은퇴하는 것도 마찬가지다. 신생 기업에서 일할지 안정적인 기업에서 일할지 선택하는 것 또한 만만치 않다. 회사를 따라 이사할지는 인생을 바꿀 수 있는 선택이다. 나만의 사업을 시작하는 건 또 어떠한가? 모두가 자신의 커리어에서 언제 큰 결정을 해야 할지 안다. 그러한 선택에는 다음과 같은 질문이 따라온다.

- 나는 얼마나 열심히 일하고 싶은가?
- 나는 얼마나 야망이 있는가?
- 나는 어떠한 생활방식을 선호하는가?
- 나는 얼마나 많은 위험을 감수할 생각인가?

조직 역시 비슷한 질문에 마주한다. 정기적으로 큰 결정을 내려야 할 때도 있다. 기업이 큰 결정을 하는 과정은 개인의 사적인 문제와는 차원이 다르다. 규모가 어느 정도 이상인 기업이라면 이러한 일만 전담으로 하는 팀이 있을 정도다. 올바른 선택에 초점을 맞추도록 결정들을 잘게 쪼개 분석함으로써 큰 결정을 하는 팀이다. 소유권을 비롯해 조직의 안정성과 관련된 수많은 요소를 고려해야 하는 결정은 모두 큰 결정이다. 무엇을 기준으로 이러한 결정을 내릴지 정하는 것이야말로 조직이 하는 가장 큰 결정이다. 주가? 구성원? 고객? 수익 증대? 확장? 큰 결정을 내리는 데 영향을 미치는 변수를 결정하고 나면 중대 이슈 앞에서의 의사결정이 한결 쉬워진다.

커리어와 관련된 중요한 결정을 할 때 당신은 당신에게 미칠 이익뿐 아니라 가까운 이들의 이익도 고려할 것이다. '될 대로 되라지' 식으로 결정하지는 않을 것이다. 그렇지 않은가? 커리어 결정은 우리의 삶에 큰 영향을 미친다. 조직의 큰 의사결정은 세밀한 분석과 미션에 기반한 대안 검토를 통해 이루어진다. 그 어디에도 '될 대로 되라지' 마인드는 없다.

삶의 궤도를 바꾸는
사소한 결정들

우리가 인생에서 마주하는 결정 가운데에는 중대한 결정이 있다. 돌이킬 수 없는 궤도로 우리를 이끄는 결정들이다. 그 영향력은 수년, 때로는 평생 지속되며 가족과 지인에게까지 영향을 미칠 수 있다. 영화에서 긴박한 상황을 만들어내는 결정들이 대개 이렇다. 훗날 '내가 내린 최고의 결정이었지'라고 회상하거나 후회 가득한 목소리로 '도대체 무슨 생각이었던 거지?'라고 자문하는 결정이다. 큰 결정을 내려야 하는 순간이 올 때 당신은 직감한다. 이 결정을 내리면 큰 변화가 따라오리라는 사실을. 그러므로 "될 대로 되라지"라고 말해서는 안 된다.

큰 결정을 내리면 다른 선택지는 제거된다. 대안은 없다. 예시라면 얼마든지 들 수 있다. '빌과 결혼하면 조와는 결혼할 수 없다', 'P&G에서 일하면 GM에서는 (최소한 지금 당장은) 일

할 수 없다', '문학을 전공하면 회계사가 될 수 없다.'

'결정decision'이라는 단어는 '잘라내다'라는 뜻의 라틴어 '카이데레Caedere'에서 유래했다. 큰 결정 앞에서 당신은 다른 선택, 다른 기회, 더 나은 결정의 가능성을 잘라낸다. 큰 결정을 앞두고 당신이 스트레스와 불안에 시달리는 이유다. 나는 큰 결정 앞에서 욕지기가 솟곤 하는데 나만 그런 건 아닐 것이다.

'경로의존성path dependence'은 큰 결정과 관련된 중요한 개념이다. 이를 경제학이나 사회학에 적용하면 꽤 복잡할 수 있지만 '될 대로 되라지' 마인드와 관련해서는 쉽게 이해할 수 있다. 한마디로 경로의존성은 역사가 중요하다는 뜻이다. 결혼, 교육, 투자를 비롯한 수많은 사항과 관련된 선택은 또 다른 선택을 낳는다. 그러니 처음부터 현명하게 선택해야 한다.

큰 결정은 정보와 감정을 모두 고려해 심사숙고해서 내려야 한다. 큰 결정이 자주 찾아오지는 않지만 사안 자체는 대부분 비슷하다. 물론 유일무이한 큰 결정도 있을 수 있다. 사람들은 저마다 다른 삶을 살기 때문이다. 하지만 유일성보다는 공통성이 더 강하다. 사람들이 자신의 인생을 바꿨다고 말하는 큰 결정은 대개 다음의 몇 가지 굵직한 항목으로 나눌 수 있다.

교육

대학에 진학해야 할까? 어느 대학에 가야 할까? 전공은 뭘로 하지? 대학에 정말 가고 싶긴 한가? 정말로 대학 학위가 필요할까? 애인이 같은 대학에 가자고 하면 어떡하지? 얼마나 멀리까지 갈 수 있지? 등록금은 어떻게 마련하지? 월세 보증금은? 아르바이트를 하며 공부할 각오가 돼 있나? 원하는 곳에 불합격하면 어떡하지?

대학 시절은 많은 사람이 성인으로 거듭나는 아주 중요한 시기다. 어떤 대학에 들어갈지, 그전에 대학에 진학해야 하는지를 둘러싼 선택은 인생에서 가장 중요한 결정 가운데 하나다. 단순히 전공의 문제만이 아니라 대학 시절의 경험에는 평생의 친구를 만드는 일도 포함된다. 술이나 친밀한 관계를 처음 접하게 되는 곳도 대학이다. 또한 특정한 대학에 진학하면 나의 퍼스널 브랜딩이 된다.

물론 대학에 진학하는 것만이 유일한 선택지는 아니다. 장사하는 법을 배우거나 사업을 하거나 잠시 진학을 미루는 것도 선택지가 될 수 있다. 재정, 준비 상태, 관계, 투자 수익을 비롯한 온갖 변수를 고려해야 한다. 이러한 요인이 선택을 좌우한다. 대낮까지 늘어지게 자고 하루 종일 TV만 보는 것 역시 선택이지만, 바람직하지는 않다.

관계 · 결혼

이 사람이 나의 운명의 상대일까? 조금 더 기다리면 더 나은 사람을 만날 수 있지 않을까? 어떻게 알 수 있을까? 이번이 마지막 기회일까? 관계를 망치면 어떡하지? 이 사람이 내 커리어를 지지할까? 나는 파트너의 커리어를 지지하게 될까? 함께 살아보면 어떨까? 결혼은 고리타분한 생각일까? 나에게 나쁜 영향만 미치는 이 결혼을 끝내야 할까? 아이들을 생각해서라도 결혼을 유지해야 할까?

살면서 우리가 마주하는 실로 중대한 결정들이다. 이 결정에 가장 큰 영향을 미치는 변수는 '시간'이다. 대학을 졸업하고 한시름 놓았다고 생각할 때 교육보다 훨씬 더 큰 선택들이 우리를 찾아온다. 인간관계를 둘러싼 이 결정은 우리가 졸업식을 마치자마자 득달같이 달려든다. 교육과 관계처럼 중요한 결정은 대개 서로 밀접하게 연결되어 있다.

관계를 둘러싼 결정은 인생에서 지속적인 영향을 미친다. 그중에서도 '될 대로 되라지' 식의 태도는 모든 관계에서 최악의 결과를 초래한다. 보스턴에서 활동하는 마케팅 전문가 수전 비앙키는 이렇게 말한다. "20대에 저지르는 유일한 실수는 잘못된 상대와 결혼하는 것이다."

'될 대로 되라지'라는 태도로 사랑이라는 주제에 다가가서는 안 된다. '찬밥 더운밥 가릴 처지가 아니다', '사랑하는 사람과 함께할 수 없다면 함께하는 사람을 사랑하라' 같은 말들도 있다. 그러나 선택에 따른 결과는 오롯이 당신이 감당해야 한다.

"결혼할 거 아니면 헤어져" 같은 최후통첩에 반응하는 것은 관계에서 '될 대로 되라지' 마인드가 발현된 최악의 형태다. 미래의 감정 소모에서 비롯될 괴로움을 피하고 이사비용도 아끼자. '잘 모르겠지만 한번 같이 살아보지 뭐'라는 생각은 '될 대로 되라지'라며 선택하지 않는 것이나 마찬가지다. '잘해보기 위해 계속해봐야 할 때도 있다'라는 생각 역시 또 다른 형태의 타협이다. 관계에 문제가 있는데도 '계속해본다'는 말이 내게는 '될 대로 되라지'처럼 들린다.

┃ 커리어

내가 하고 싶은 게 뭔지 모른다면 어떻게 해야 할까? 내가 좋아하는 일을 할까, 당장 구할 수 있는 일을 할까? 사실은 회계사가 되고 싶지 않다면? 현실적으로 얼마나 많은 돈을 벌 수 있을까? 대의를 위해 봉사해야 할까? 지금 직장을 그만둬야 할까? 돈을 위해 나는 얼마나 희생할 준비가 되어 있나? 다시는 출근하고 싶지 않다면? 내게 주어진 유일한 선택이 가업을 물려받는 것뿐이라면?

'어떻게 해야 하지?'는 성인의 삶을 사는 내내 따라오는 질문이다. 이 질문에 대한 답은 당신이 내린 선택을 바탕으로 해야 한다. 다른 사람의 선택이나 당시의 구인 현황에 좌우되어서는 안 된다. 이 세상에는 회계사를 위한 기회가 넘쳐난다. 그렇다고 해서 "될 대로 되라지. 썩 내키지는 않지만, 자리가 많으니까"라며 회계사가 되어서는 안 된다. 싫어하는 일을 하며 살아가는 삶은 하루하루 고통 그 자체다. '커리어 패스career path'라는 말은 모순이다. 커리어에 잘 닦인 길 따위는 없다. 당신은 커리어를 찾아 덤불과 잡목 사이를 뛰어다녀야 한다. 자신만의 길을 직접 만들어야 할지도 모른다. 일단 하나를 골라라. 이 세상이 계속해서 당신에게 말하듯, 커리어는 언제든 바꿀 수 있다. 그러나 '될 대로 되라지' 마인드 앞에 커리어 패스는 주어지지 않는다.

자녀

나는 아이를 원하는가? 언제? 얼마나 많이? 만약 아이를 가질 수 없다면? 아이를 원치 않는다면? 아이를 좋아하지 않는다면? 너무 늦었다면? 입양해야 하나? 내가 아이를 기를 만한 여력이 될까? 누가 아이를 돌보지? 일을 잠시 쉬어야 하나? 혼자서 아이를 가져야 할까? 아이 키우느라 나를 잃지는 않을까?

아이를 가진다는 생각은 기쁨을 안겨주기도 하지만 겁에

질리게도 한다. 아이가 우연히 생길 수도 있지만 어떤 경우든 '될 대로 되라지' 마인드의 결과여서는 안 된다. 결혼이나 관계를 둘러싼 선택을 내릴 때와 마찬가지로 이때에도 경로의 존성이 나타난다. 아이를 갖겠다는 결정을 내리는 순간 주사위는 던져진 셈이다. 남은 인생을 좌우하는 선택과 결정은 이 선택의 영향을 받는다. '어떻게든 되겠지'라는 생각으로 아이를 갖겠다는 선택은 결코 바람직하지 않다.

▌장소

도시에 살고 싶은가, 교외에 살고 싶은가? 특정한 장소를 말하는 것만은 아니다. 아파트, 단독주택 중 어디를 원하는가? 어떤 기후에 살고 싶은가? 그곳 이웃이 마음에 드는가? 내가 그 안에 속할 수 있을까? 일자리가 없어서 굶어 죽지는 않을까?

장소는 중요하다. 정착할 곳을 고르는 것은 인생의 가장 큰 결정 중 하나다. 장소는 커리어, 기회, 재정, 활동, 가족 등 우리를 행복하게 하거나 괴롭게 만들 수 있는 거의 모든 것을 좌우한다. 대충 내린 선택을 바탕으로 '될 대로 되라지' 마인드로 접근할 결정이 아니다.

종교

나의 종교는 무엇인가? 모태신앙이 마음에 들지 않는다면? 변화가 두렵다면? 종교가 이끄는 대로 살고 싶은가?

많은 사람이 가족의 역사나 조상들의 선택에 따라 결정된 종교 속에서 자란다. 그래서 종교는 삶에서 그다지 중요한 선택이 아니라고 생각하는 사람도 있을 것이다. 그러나 종교가 없는 환경에서 자라는 사람도 많다. 어떠한 경우든 선택은 존재한다. 당신은 어떤 종교를 가질지 선택할 수 있다. 종교는 개인적인 선택이자 인생의 주요한 결정이다.

라이프스타일

얼마나 큰 야망을 품어야 할까? 위험을 더 많이 감수해야 할까? 나는 화려한 삶을 원하나, 아니면 소박한 삶을 원하나? 부자가 되고 유명해지고 싶나? 철철이 여행을 다니고 싶나? 경험하거나 무언가를 수집하기 바라나? 건강해지기 위해 나는 얼마나 많은 노력을 할 준비가 되어 있나? 나는 사회가 규정한 전통적인 규범을 답답해하는 사람인가?

사람들은 "2년 동안 뉴욕에서 돈을 많이 번 다음에 내가 정말 살고 싶은 곳으로 갈 거야"라고 말한다. 나는 첨단 IT 기업에 취직하겠다는 생각과 관련해서도 비슷한 말을 들어봤다. "(구글, 페이스북, 애플, 마이크로소프트) 같은 데서 몇 년 미친

듯이 일할 거야. 이력서가 화려해지면 그렇게 열심히 일하지 않아도 되는 곳에 취직할 수 있을 테니까." 연봉이 오르고 스톡옵션을 받고 모기지를 내게 되면 그때의 결정이 가물가물해진다. '몇 년 후'라던 명확한 선택은 '발목 잡혔다'가 된다. 옮길 계획을 세웠던 사람들은 몇 년 후에도 여전히 같은 회사에서 일하며 떠날 수 있을 때를 기다린다. 적정한 때는 영원히 오지 않을지도 모른다. 만족할 만한 라이프스타일을 직접 선택하는 것과 자신이 선택하지 않은 라이프스타일에 떠밀려 안착하는 것은 전혀 다른 문제다.

▎예고 없이 찾아오는 결정들

타투와 보디 피어싱을 해야 할까? 몸을 만들어야 할까? 주름 제거 수술을 받아야 할까? 노후를 대비해 저축해야 할까? 저축을 자동차를 사는 데 써도 될까? 번지점프를 해봐야 할까? 사후에 화장을 할까 묘지에 묻힐까? 친구에게 네 남편이 바람났다고 말해줘야 할까?

아이를 갖는 것만큼 중대한 결정은 아니지만 한번 새긴 타투를 지우기란 쉽지 않다.

이제 감이 좀 잡히는가? 큰 결정은 우리를 평생 따라다니는 평행우주와도 같이 결코 사라지지 않는다. 우리는 커리어,

관계, 장소를 둘러싼 결정들로 평생 고심하게 될지도 모른다. 큰 결정은 보통 한 묶음으로 오며 그로 인한 결과는 우리를 특정한 길로 이끈다.

당신이 꿈꾸는 인생은
작은 선택에서 시작된다

큰 결정을 하기 전에는 형편없는 결과를 낳을 수 있는 상황을 철저히 살펴야 한다. 최악의 시나리오는 건강, 관계, 커리어 등에 악영향을 미친다. 어떠한 결정은 인생을 뒤바꿀 수 있으며 자칫하면 생명을 위협할 수도 있다. 새로운 치료법을 시도해봐야 하나? 결혼 얘기를 먼저 꺼내야 할까? 그 사람이 운명의 상대가 아니라면? 위험을 감수할 만한 가치가 있는 보상인가? 새로운 일을 해야 할까? 새로운 일자리를 위해 이사했는데 그 일이 마음에 들지 않는다면? 큰 결정 앞에서는 진지한 고민이 필요하며 직감의 도움도 받아야 한다.

"될 대로 되라지"라고 말하는 것은 큰 결정을 피하는 편리한 메커니즘이다. 과거 뉴저지에서 자란 사람들은 어릴 때부터 정해진 인생 경로가 존재했다. 부모님도 우리 세대도 자녀 세대도 선택할 수 있는 평범한 계획이었다. 고등학교를 졸업하고 GM 공장이나 우체국에서 좋은 일자리를 구한 뒤 조기에 은퇴한다. 그 뒤에는 한적한 곳으로 이사한 다음 손주들의 방문을 기다리는 것이었다. 이 편한 길을 취하지 않을 이유가 어디 있겠는가? 그리하여 사람들은 "그럴싸해 보이네, 어떻게든 되겠지"라고 말했다. 그렇게 동의함으로써 삶의 모든 결정이 방정식에서 제거된다. 나에게는 그러한 길을 선택한 친구들이 많다. 그들이 행복하기를 바란다. 하지만 그게 인생의 전부일까? '될 대로 되라지' 인생은 지금 가능한 것에 안주하는 삶이다. 삶이 우리에게 줄지도 모르는 모험을 추구하는 인생이 아니다. 아직 나지 않은 길이든 자신만의 여정이든, 그러한 인생을 '될 대로 되라지' 마인드로는 시작할 수 없다.

선택과 행동을 낳는 '만약/그러면' 방정식

때로는 환경이나 상황이 큰 결정을 내리게 할 수 있다. 불행한 결혼 생활이나 승승장구하던 직장 생활을 끝낸 사람들은 자기에게 정말 큰 결정이었다고 말할 것이다. 그들의 말이 옳다. 그런데 아는가? 이처럼 큰 결정은 우리가 일상에서 내리는 작은 결정들의 영향을 받는다.

머릿속에 떠오르는 일상적 선택들을 생각해보자. 따분하고 재미없는 것들인가? 하지만 커다란 차이를 가져오는 건 바로 그런 결정들이다. 이러한 결정을 무시했다간 삶이 고통으로 가득 차고 당신은 일하는 내내 고통스러울지도 모른다. 타로카드를 뒤집어 애매한 점괘를 받았을 때처럼 사람들은 걸 핏하면 투덜거리고 징징댄다. 이러한 불확실성은 당신을 괴롭힐 수 있다. 하지만 그래도 선택을 해야 한다.

일상적인 것 같았던 선택이 우리 곁을 영원히 맴도는 경우도 있다. 당시에는 그것이 큰 결정인지 전혀 몰랐는데. 아무 생각 없이 내린 결정이 몇 년 후 후회로 돌아온다면 어떨까? 이 세상에는 큰 결정을 잘못 내리는 바람에 상처 입은 사람들이 넘친다.

초급 회계 수업을 설렁설렁 들은 사소한 선택 하나가 고급 회계 수업에서 낙제 점수를 받게 해 취업 전망에 악영향을 미칠 수 있다. 어떤 선택은 평생의 후회거리를 낳는다. 고등학교 때 만난 남자친구나 여자친구가 나를 차지 않았더라면 무슨 일이 벌어졌을까? 기타를 계속 쳤더라면 록스타가 될 수 있지 않았을까?

'될 대로 되라지'를 남발하며 큰 결정을 미룰 수 있다고 생각하는 이들이 있다. 틀렸다. 인생의 큰 결정은 인생의 전반부에 몰려 있다. 사람들은 20대에 대부분의 큰 결정을 내린다.

물론 살면서 계속 큰 결정을 마주할 것이다. 하지만 대부분의 큰 결정은 미처 준비되지 않은 나이에 몰아서 나타난다. 예를 들면 이런 것들이다.

- 어떤 교육을 받아야 할까?
- 무슨 일을 해야 할까?
- 어떤 가족을 누구와 함께 꾸려야 할까?
- 어디에 정착해야 할까?

이러한 질문에 어떻게 답하는지에 따라 인생 경로가 정해질 것이다. 큰 결정은 계속해서 나타날 것이고 다른 큰 결정과 늘 긴밀하게 연결된다. 인생의 큰 결정들과는 달리 대부분의 커리어 결정은 바꾸거나 수정하거나 뒤집을 수 있다. 엔지니어로 사회에 첫발을 내디뎠지만 판매직이 적성이라는 사실을 깨달을지도 모른다. 예술가로 시작했다가 비영리 단체의 리더가 될 수도 있다. 로스쿨을 졸업해 변호사가 되었지만 전혀 관계없는 일에 꽂힐지도 모른다.

큰 결정은 흔치 않고 어떤 결정은 무척 중요하지만, 당시에는 그걸 알 방법이 없다. 그렇다면 당신 앞에 놓인 작은 결정들에 주의를 기울이는 편이 낫지 않을까?

나는 '만약/그러면' 식으로 생각하는 시나리오를 좋아한다. 이 시나리오는 하나의 변화가 또 다른 변화를 낳는 과정을 이해하는 방법이다. '될 대로 되라지' 마인드를 물리치는 만약/그러면 시나리오는 어디에든 쉽게 적용할 수 있다. '만약'은 당신의 의도를 의미하며 '그러면'은 바라는 결과를 의미한다.

· 만약 이걸 하면, 이 일이 일어날 거야.
· 만약 이걸 하지 않으면, 이 일이 일어날 거야.
· 만약 이 일이 일어나길 바라면, 이걸 해야 해.
· 만약 이 일이 일어나길 바라지 않으면, 이걸 해야 해.

이 구조를 커리어에 적용해보자.

· 만약 회계 공부를 하려고 대학에 진학하면, 회계 분야에서 일을 구할 수 있어.
· 만약 대학에서 회계 공부를 하지 않으면, 회계사가 될 일은 없을 거야.
· 만약 회계사가 되고 싶으면, 회계를 공부해야 해.
· 만약 회계사가 되고 싶지 않으면, 내가 원하는 다른 공부를 할 수 있어.

만약/그러면 방정식의 양측에 당신만의 변수를 적용할 수 있다. 예컨대 의도에는 행동이 뒤따름을 보여주는 문장을 몇 개 살펴보자.

· 미션을 추구할 생각이라면 자신이 열정을 느끼는 미션을 만든다.
· 변화를 꾀할 생각이라면 무엇을 바꿔야 할지 평가한다.
· 연봉 인상을 받을 생각이라면 연봉 인상을 요청한다.
· 좋은 리뷰를 받을 생각이라면 리뷰를 준비한다.
· 훌륭한 프레젠테이션을 할 생각이라면 연습한다.
· 전략을 실행할 생각이라면 계획을 세운다.
· 네트워크를 구축할 생각이라면 컴포트존 밖으로 나온다.
· 해고당할 생각이라면 어리석은 행동을 한다(목록은 길다).
· 쉴 생각이라면 세상과의 연결에서 잠시 벗어난다.
· 신뢰를 잃을 생각이라면 멍청하게 행동한다.
· 승진할 생각이라면 앞장서서 준비하는 태도를 보인다.

만약/그러면 방정식으로 미래를 그려나갈 수 있다. 바로 당신의 미래다.

온갖 선택이 좋지 않은 결과를 낳는다면?

존 햄은 유명 CEO들이 줄을 서는 경영자 코치다. 그는 기술 기업의 CEO일 뿐 아니라 벤처 캐피털 회사의 투자자다. 또한 부모이자 스크래치 골퍼(핸디캡이 0인 실력자—옮긴이), 오디오 기술 전문가이기도 하다.

존은 "될 대로 되라지"라고 말하게 되는 상황에 공감한다며 이렇게 말했다. "그건 화가 나서 하는 말입니다. 궁지에 몰린 사람이 내뱉는 말이죠. 문제는 그 말을 듣는 상대의 화도 돋울 수 있다는 것이지만요."

"될 대로 되라지"라는 말을 들으면 상대는 어떻게 반응해야 할지 난처해진다. 그 의미를 해석해야 하는데 이 과정에는 위험이 뒤따를 수 있기 때문이다. 이 말은 수동 공격성의 발현이거나 아무런 의미도 내포하지 않을 수 있다. 그렇지만 "될 대로 되라지"라고 내뱉는 순간 필시 훗날 고통스러운 대화를 마주하게 된다. 이는 결코 바람직한 의사소통 도구가 아니다.

리더가 "될 대로 되라지"라고 말할 때는 그 말이 정말로 좋은 해답일 때뿐이어야만 한다. 리더의 정서는 조직 전체에 퍼질 수 있기 때문이다.

존은 이사회 임원에게 시달리던 CEO의 사연을 들려주었다. CEO가 하소연했다. "그 작자는 생각할 필요도 없는 시시

콜콜한 것으로 계속 전화를 걸어 저를 미치게 만들었어요. 저는 어떻게 해야 할지 모르겠더군요." 결국 그 CEO는 '될대로 되라지' 마인드에 굴복해 온갖 불합리한 요청을 묵인했다. 가만두었다간 이 상태가 계속될 것이 뻔했다.

"이 방법이 나한테는 소용없어"라고 말하며 아무것도 하지 않는 것, 그게 바로 '될 대로 되라지' 마인드다. 적극적으로 나서서 불만을 해결해야 한다. 답답해하던 CEO가 "당신의 요청에 문제가 있다는 걸 아셔야 합니다. 제가 제안을 해드리죠"라고 말했을 때 비로소 문제가 해결되었다.

존은 리더들이 스스로 발견하지 못하는 문제를 해결할 방법을 찾도록 돕는다. 그는 질문을 던진다. "좋은 결정을 내리려면 어떻게 해야 할까요?"

코치와 리더 모두에게 인내와 높은 정서 지능이 요구되는 일이다. 존은 리더가 행동을 미루게 만드는 '될 대로 되라지' 마인드를 용납하지 않는다. 그 대신 최상의 결과를 기한 내에 성취하는 과제에 당장 착수하도록 밀어붙인다. 존은 이를 '지금 당장 비용 처리하기'라고 부른다.

내 이야기가 적절한 예시가 될 것 같다. 대학교 미식축구팀은 그 대학교의 인지도를 높인다. 하지만 미식축구로 어지간히 유명한 학교가 아닌 한, 미식축구팀을 꾸리는 일은 재단 입장에서는 수지 맞는 사업이 아니다. 당시 총장이었던 내게는 두 가지 선택지가 있었다. 미식축구팀을 없애고 선수와 학생, 졸업생들의 분노를 살지, 학교를 바람직하지 않은 재정 상황 속으로 서서히 몰아넣을지 선택해야 했다.

재임 기간이 곧 끝날 것이었기에 이 상황을 피할 수도 있었다. 후임자에게 바통을 넘기면 될 일이었다. 관련 변수가 생각보다 훨씬 더 복잡했지만 나는 "어떻게든 되겠지, 이제 곧 다른 사람의 문제가 될 텐데"라고 말하는 대신 이 문제에 착수했다. 우리 대학의 미식축구팀에는 100명의 선수가 있었다. 팀이 해체되면 선수들은 학교를 떠날 터였다. 대학은 그들이 내는 등록금을 잃을 테고 당시의 팀을 대체할 만한 비슷한 팀도 없었다. 정서적인 부분도 무시할 수 없었다.

하지만 경기를 보러 오는 사람들도 거의 없었고 미식축구팀 졸업생들은 기부도 거의 하지 않았다. 선수들은 교내에서 온갖 문제를 일으켰다. 무엇보다도 우리 미식축구팀과 경기를 치르려는 상대팀이 인근에 없었다. 경기 일정을 짜려면 장거리 경기를 뛰거나 비용을 들여 다른 팀을 초청해야 했다.

쉽게 내릴 수 있는 결정이 아니었다. 고뇌에 빠져 잠 못 드는 밤이 이어졌다. 결국 나는 미식축구팀을 없애겠다고 공지했다. 순식간에 대혼란이 일어났다. 눈물바람과 시위, 협박, 괴성이 난무했다. 모두 나를 겨냥한 것이었다. 미식축구팀 감독은 '아내에게 이혼을 요구하는 것보다 힘든 결정'이었다고 했다. 그해 졸업식에서 이사진은 나더러 방탄조끼를 입으라고 권유했다. 어쨌든 나는 살아남았다.

학교는 지금 엄청난 영향을 미친 선택 덕분에 훨씬 더 성공적으로 운영되고 있다. 나의 의도는 학교를 좀 더 지속 가능한 재정 기반 위에 올려놓는 것이었고, 행동은 미식축구팀을 없애는 것이었다.

다행히, 모든 결정이 미식축구팀을 없애는 것처럼 크지는 않다.

'만약/그러면' 시나리오를 활용하라.
변수를 예측하고 미래를 그려볼 수 있다.

3장

선택 앞에 거침없는
사람들의 습관

우리는 어떤 식으로든
나 자신이 진실로 누구인지 알게 된다.
그리고 그 결정에 따라 살아간다.

―엘리너 루스벨트

좋은 결정으로 이끄는
자기 인식

결정을 잘하는 사람에게서 발견되는 중요한 특징은 '자기 인식'이다. 자기 인식을 잘하는 사람은 자신의 장단점을 잘 파악한다. 좀 더 깊은 차원에서 자기 인식을 하는 사람은 자신의 감정과 생각, 가치를 안다. 그리고 그것이 의사결정에 어떠한 영향을 미치는지 이해한다. 궁극적으로 그들은 자신에게 만족한다. 어려운 선택일지라도 선뜻 결정하고 결과를 받아들인다. 자신이 최선을 다했음을 알기 때문이다. 자기 인식이 잘된 사람은 앞으로 나아간다.

마이크는 유명한 커뮤니케이션 기업 CEO로 위기 상황에서도 자기 인식의 끈을 놓지 않은 리더다. 그는 기업을 위해 큰 변화를 시도했는데 그야말로 아수라장이었다. 노동조합은 파업했고 주가는 출렁였으며 직원들은 해고되었다. 전혀 낙관적이지 않은 상황이었다. 옆에서 지켜보는 내 혈압이 폭발할

지경이었다. 그의 주위에서 터지고 있는 온갖 문제를 보며 그에게 어떤 말도 해줄 수 없었다. 하지만 그는 그 모든 일을 잘 이해하고 있었다. 방 안에 시체라도 있는 양 몸 둘 바 모르는 나의 감정을 알아채고는 미묘한 미소를 지으며 그가 말했다. "리치, 이건 잡음에 불과해요."

마이크는 자신의 관점을 고수했고 자리를 지켰다. 머지않아 회사는 승승장구했고 그는 영웅이 되었다. 그의 자기 인식은 현명한 판단력과 훌륭한 결정으로 이어졌고 덕분에 그는 기업을 성공으로 이끌 수 있었다.

감성지수EQ라는 개념을 창안한 심리학자 대니얼 콜먼이라면 이 광경을 즐겼을 것이다. 우리가 성공하는 데 EQ가 IQ만큼이나 중요하다는 그의 주장은 이제 상식이 되었다. 그의 논리에 따르면 EQ가 높은 사람은 결정을 더 잘하고 그 결과를 선선히 받아들인다. 자기 자신을 잘 아는 사람은 무엇이 옳은지 직관에 따라 결정하고 그 결정이 타인에게 미칠 영향을 이해할 확률 또한 높다.

이렇게 중요한 자기 인식은 어떻게 만들어질까? 일정 수준의 자기 인식에 도달하는 데 필요한 자질을 알아보자.

관점

나의 큰 그림은 무엇인가? 이 결정은 내가 살아가는 데 얼마나 중요한가? 경험과 가치, 세계관은 자신만의 관점에 영향을 미치고, 우리는 이에 따라 우선순위를 고르고 결정한다. 오래전부터 계획한 가족 여행을 갈 것인가, 사무실에 남아 급한 업무를 처리할 것인가? 필요하다면 선택이나 결정을 내리기 위해 스스로에게 물어보자. "내가 오늘 할 수 있는 가장 중요한 일은 무엇인가?" 관점이란 다시 말해 자신에게 무엇이 중요한지 알아채는 지혜다.

글로벌 컨설턴트, 코치, 변화관리 전문가, 모험가인 레일라 랜스의 인생은 장편 영화감이다. 그녀는 이민자 가정에서 태어난 14명의 아이 중 13번째로, 6개월 때 이미 21개 주를 돌아다녔다. 어린 시절 학습 장애라는 잘못된 꼬리표를 달게 된 그녀의 첫 기억은 딸기를 따는 장면이다. 그녀는 어릴 때부터 책임감을 배웠다.

레일라는 이렇게 말한다. "나는 어릴 때부터 빠르게 결정하는 법을 배웠어요. 패턴을 보고 관찰하고 귀 기울이는 법을 터득했죠. 그러한 훈련 덕분에 나는 나만의 뚜렷한 관점을 가진 뛰어난 컨설턴트가 되었어요. 작은 결정들이 우리를 특정한 방향으로 이끄는 경험을 하면서 스스로 방향을 설정하고 그에 따라 결정한 것이죠."

사람들은 포기할 때 '될 대로 되라지'라고 말한다. 그녀는 사람들이 그렇게 말하는 진짜 이유를 찾고 싶어 한다. 자신의 취약성을 숨기려는 건가? 저 사람은 고통을 느끼나? 분노를 느끼나?

레일라는 모든 일이 일어나는 데에는 이유가 있다고, 우리는 가능성을 탐구하기 위해 결정해야 한다고 생각한다. 또한 그녀는 타고난 코치다. 그럴 만한 이유가 있어서 우주가 우리에게 선택을 제안하는 거라고 믿는다. 당신이 선택하든 하지 않든 앞으로 나아가야 한다고 생각한다. 그녀는 관계가 지닌 힘을 믿는다.

"지금 연락하고 지내는 모든 사람과의 관계야말로 정말 소소하지만 내가 가장 잘한 결정이라고 생각해요. 직장을 관두거나 도시를 떠나는 등 사람들에게서 멀어질 변명을 만들어내는 건 어렵지 않죠. 나는 사람들이 다 이유가 있어서 내 삶에 들어왔다는 걸 느껴요. 그 목적은 서로를 향한 책임이자 기회입니다."

정직

어떤 사무실 벽에는 기업 사명이라고 대문짝만 하게 쓴 액자가 걸려 있다. '정직' 또는 그 사촌쯤 되는 '성실', '존중' 등의 단어들이 단골처럼 등장한다. 액자는 조직에 몸담은 이들에게 조직이 추구하는 가치를 상기시키는 역할을 한다. 하지만 그 정도로는 부족하다. 결정을 잘하려면 스스로에게 정말로 솔직해져야 한다. 그 결정이 진짜 의미하는 바가 무엇인지 재차 확인해야 한다. 근무시간 기록표를 제출하지 않으면 상사가 눈치챌까? 내가 번지점프를 정말로 하고 싶나? 쿠키 하나를 더 먹을 정도로 배가 고픈가?

자신에게 솔직하지 않은 상태에서 내린 수천 가지 작은 결정은 쌓이고 쌓인 채 곪아 터진다. 정직하게 일한다는 건 사기를 치지 않거나 법을 어기지 않는다는 뜻만이 아니다. 당신이 맡은 일을 처리하며 더 발전할 수 있는 순간을 알아차리는 것이다.

인식

주위에서 일어나는 일을 예의주시하자. 자기 인식을 하는 동시에 주위에서 일어나는 일도 인지하는 것이다. 그러려면 많이 읽어야 한다. 처음 거물급 벤처 캐피털 회사에 합류했을 때 나는 선임 파트너에게 최신 정보를 빠르게 습득하려면 어떻게 해야 하는지 물었다.

"일요일자 〈뉴욕 타임스〉를 처음부터 끝까지 읽어요. 비즈니스 분야만이 아니라 여행, 예술과 레저, 결혼 소식 등 전부 읽어야 합니다. 뭐가 뉴스거리가 되는지, 뭐가 유행하는지 알아야 해요. 우리가 그 분야에 투자할지도 모르니까요."

그의 말이 옳았다. 그는 앞으로 어떠한 일이 일어날지 패턴을 파악해야 투자 아이디어가 떠오른다고 말한 것이었다.

인식은 바로 옆에서 일어나고 있는 일을 알아챈다는 의미이기도 하다. 당신이 몸담은 분야의 경쟁사가 모조리 해고를 감행하고 있다면 조만간 당신의 조직도 그럴 확률이 높다. 당신이 오랫동안 조직에 기여하지 않았음을 스스로 알고 있다면 다른 사람들도 알고 있을 것이다. 당신이 조직에 기여할 수 있는 방법에 집중하며 무엇이 중요한지 파악하라. 끊임없는 자기 인식과 주위 인식이 모두 필요하다.

자기 인식은 모두가 탐내는 자질이다. 자기 인식이 된 사람은 매사에 감사할 줄 알고 관대하다. 고故 로버트 노이스는 마이크로프로세서 발명가이자 인텔의 창립자다. 수많은 사람이 수많은 이유에서 그와 만나고 싶어 했고 그의 관심을 끌고자 했다. 그가 만난 거의 모든 사람이 그로부터 무언가를 원했다. 그런 그는 예의 바르고도 우아하게 자기 인식을 했을 뿐 아니라 회의의 주제와 그가 만나는 사람에게 책임감 있는 태도를 보여주었다. 함께한 프로젝트에서 그는 이렇게 말했다.

"개인이나 팀과 회의를 할 때면 나는 이게 그저 또 하나의 만남에 불과하다는 걸 잘 알고 있습니다. 하지만 내가 만나는 상대는 우리의 만남을 그 주나 그달에 가진 가장 중요한 회의로 생각할지도 모르죠. 인생을 통틀어 가장 중요한 만남이라고 생각하는 이들도 있을 것입니다. 나는 그러한 생각을 의식하며 내가 만나는 모든 사람에게 최대한 집중하려고 합니다. 나에게는 중요하지 않을지 모르지만 다른 이들에게는 그럴지도 모르기 때문입니다. 결코 회의적인 태도로 사람을 만나지 않습니다."

자기 표현

자기 표현을 잘하는 사람은 스스로 나서서 홍보할 필요가 없다. 주위 사람도 당신에 대해 알게 될 것이기 때문이다. 당신은 특정한 아우라를 풍길지도 모른다. 자신감 있고 잘 결정하며 일처리를 잘한다는 메시지를 전할 것이다. 자기 표현은 당신이 하는 일과 하는 말, 입는 옷, 당신에 관한 모든 것에 녹아 있다. 숨을 곳은 없으니 절대로 방심해서는 안 된다. 자기 표현은 당신이 무엇으로 유명해질지에 관한, 즉 자기 인식에 관한 문제다. 자기 인식이 잘된 사람이라는 분위기를 풍겨야 한다.

우선 나의 장단점을 파악하는 것에서 출발해보자. 수학 시험에서 3번이나 낙제했다면 재정이나 회계 분야에서 훌륭한 의사결정자가 될 확률은 낮다. 도움을 받자. 자신의 약점을 파악하기란 그리 어렵지 않다. 중요한 것은 장점을 파악해 자신 있게 결정하는 데 이용하는 것이다. 숫자와 분석에는 취약하지만 듣기 능력이 뛰어난가? 그렇다면 주위에 수학 천재들을 곁에 두자.

자기 평가는 자기 인식으로 이어질 수도 있다. 회의를 마칠 때면 나는 괜찮은 회의였는지 아니었는지 곧바로 안다. 프레젠테이션이나 강의를 할 때면 청중들에게 얼마나 잘 전달되었는지 바로 알아차린다. 평가서를 읽을 필요도 없다. 누군가 "잘했어?"라고 물으면 솔직하게 대답하지 않을지도 모르지만 나는 진짜 답을 알고 있다. 자기 인식이 가능하려면 솔직한 자기 평가가 필수다. 어깨를 으쓱하거나 "어떻게든 되겠지"라고 말해서는 안 된다. 자기 평가를 얼마나 솔직하게 하느냐로 성공과 실패가 좌우된다.

자기 평가는 조정하는 방식이다. 조정이란 자신의 약점을 개선하려고 애쓰는 대신 자신이 지닌 강점을 활용하는 것이다. 당신이 의사소통 능력은 뛰어나지만 기술에는 젬병인 매니저라면 어떨까? 메시지를 전달하는 데 집중하되 기술 전문가들을 주위에 두면 된다. 억지로 변화하려고 해봐야 소용없다. 공감이 필요한 상황에서 거짓 공감하는 리더의 모습을 우리는 얼마나 많이 봐왔는가? 진실하지 못한 태도는 부족한 자기 인식 능력을 드러낼 뿐이다.

자기 인식을 하는 데 도움이 되는 또 다른 중요한 요소는 공감이다. 타인의 입장에서 생각해보는 노력과 타인의 관점을 이해해보려는 노력이 중요하다. 공감 능력을 기르면 자기 인식을 하고 결정하는 데에도 도움이 된다. 대부분의 사람이 스스로 공감 능력이 뛰어나다고 생각하지만 내 경험상, 자기 인식을 하고 작은 결정을 더 잘하려면 아직 갈 길이 멀다. 누군가 털어놓은 어린 시절 이야기에 "나도 어렸을 땐 가난했어"라고 하는 건 공감이 아니다. 그건 그냥 당신이 가난하게 컸다는 의미다. 공감 능력은 타인의 말에 세심하게 귀 기울이고 차이를 인정할 때 크게 향상된다.

자기 인식이 강할수록
직감의 힘이 강하다

이제 당신은 자기 인식이 된 사람은 "될 대로 되라지"라고 말하는 사람이 아님을 알게 되었다. 그들은 감정과 의사결정 간의 연결고리를 알기 때문에 그렇게 말하지 않는다. 스트레스를 받는 상황에서도 침착하게 결정한다. 그들은 문제 앞에 겁먹기보다는 문제를 해결한다. 자기 인식을 못하는 사람은 정반대다. 그들은 결정을 내리지 못한다. 압도되고 좌절하고 도망가기 때문이다.

실수를 저지른 뒤 "몰라, 어떻게든 되겠지"라고 말하지 말자. 실수를 인정하지 않는 것도 실수다. 실수하고서 '될 대로 되라지' 식으로 대응할수록 결과는 더욱 악화될 뿐이다. 당신이 한 실수에서 '될 대로 되라지' 마인드를 걷어내는 첫 번째 단계는 사과다. 실수를 인정하고 사과한다고 약점이 되는 건 아니다.

'어떻게든 되겠지'라는 말은 '미안해'를 대체할 수 없다. 필요할 때는 사과하자. "나는 원래 사과를 잘 못해"라고 말하는 건 자랑이 아니다. 사람들이 '어떻게든 되겠지'가 아니라 미안하다고 말할 때 세상은 더 나아진다. 사과할 줄 아는 리더는 강한 리더다. 사과가 흔치 않은 세상에서의 사과는 더욱 의미 있다.

직감은 '될 대로 되라지'와 다르다

자기 인식이 된 사람은 자신에 대한 이해를 바탕으로 결정하는 데 주저함이 없다. 자신에 대한 이해가 고도로 발달하면 '직감'이 된다.

직감을 바탕으로 결정하는 것은 과학적인 방법은 아닐지도 모르며, 자신의 직감이 별로라고 생각할지도 모른다. 하지만 직감은 꽤 효과적이다. 직감은 의사결정 도구가 아니지만 수많은 이들이 직감을 바탕으로 결정한다. 실제로 우리는 의사결정을 할 때 "느낌이 어때?"라는 말을 한다. 바로 직감을 묻는 질문이다. 화려한 경력의 벤처 투자자인 내 친구는 자신의 업무 방식에 대해 이렇게 말했다. "저는 상대의 눈을 바라봅니다. 눈 안에서 열정이 느껴지면 투자하죠."

숙련된 운동선수는 직감에 따라 경기한다. 훈련된 과학자는 자료에만 의존하는 게 아니라 직감도 중시한다. 노련한 리더는 직감을 활용할 줄 안다. 2002년 인재 스카우트 기업인 크리스천 앤 팀버스가 진행한 설문조사에 따르면, 임원의 45%가 사실과 수치 대신 직감을 바탕으로 기업을 운영하는 것으로 나타났다.

· 온갖 의사결정 도구가 먹히지 않을 때 직감을 이용하라.
· 직감은 빠르다. 복잡한 상황에서도 분석을 기다릴 필요가 없다.
· 우리의 직감은 IQ뿐 아니라 EQ에서도 정보를 얻는다.
· 직감은 신뢰할 수 없거나 함께 일하고 싶지 않은 사람을 판별하는 데 도움이 된다. 그것이 바로 결정이다.
· 타인을 평가할 때는 직감이 거의 언제나 옳다.

직감에는 직관과 경험, 배경, 이상, 감정이 뒤섞여 있다. 실제로 우리 몸 안에서 찾을 수는 없지만 모두가 갖고 있다. 자기 인식이 강해질수록 직감의 신뢰도는 높아진다. 이를 언제 사용할지, 언제 멀리할지 알기 위해서라도 직감을 이해해야 한다. 그리고 여기에는 연습과 경험이 필요하다. 포커 선수에게 물어보아라. 직감이란 우리가 그 안에서 끄집어내는 패턴만큼만 유용할 뿐이다. 직감이 맞을지라도 그저 운이었는지 정보에 바탕한 결정인지 알기란 쉽지 않다. 직감에 따른 결정이었는지 어찌 알겠는가? 시간이 흘러도 직감이 녹슬지 않을 거라 어찌 장담하겠는가? 직감이 틀렸다면 내가 저지른 실수에서 무얼 배울지 알기 어렵다. 직감이 맞을지라도 직감에 대한 신뢰가 없으면 우리는 '될 대로 되라지'로 되돌아간다. 다른 사람들보다 직감이 뛰어난 이들이 있다. 자신의 직관이나 직감을 믿는 법을 배우되 직감의 한계를 인정하자.

선택은 당신의 몫이다. 자기 인식이 된 사람은 자신 있게 선택한다. 제임스 본드처럼 생각하자. 우리가 매일 하는 선택 앞에서 우선순위와 목표를 세우고 단계별 달성법을 파악하며 그대로 시행하자. 자기 인식이 되어 있다면 직감으로 결정하며 '될 대로 되라지' 마인드에서 벗어날 수 있다.

당신의 감정과 생각, 가치관을
의식하고 갈고닦아라.
이러한 자기 인식은 선뜻 결정하고
앞으로 나아가게 도와준다.

4장

당신의 커리어 여정이
즐거워지려면

위대함은 환경이 만들어낸
결과물이 아니다.
위대함은 대개
의식적인 선택과 훈련의 결과다.

—제임스 콜린스

책임져라, 커리어의 성공을 좌우할 테니

'될 대로 되라지' 마인드는 드라이아이스처럼 조직과 업무 태도에 스며들며 당신의 커리어에 치명적인 영향을 미칠 수 있다. 눈앞에 닥친 일을 곧장 처리하는 사람도 있지만 '알 게 뭐야'라며 회피하는 사람도 있다. 결정하지 않겠다는 쉬운 방법을 선택하기 전에 잠시 멈춰 보자.

커리어는 열정, 역량, 시기, 경제 상황, 운을 비롯해 예측할 수 없는 온갖 다양한 요소의 산물이다. 크고 작은 결정을 하려는 의지와 역량이 커리어의 성공을 좌우한다. 커리어는 수많은 운의 영향을 받기도 하지만, 운을 제외한 나머지는 전부 결정의 산물이다.

구직 활동에서부터 퇴사에 이르기까지 어느 한순간이 당신의 커리어를 만들지는 않는다. 커리어는 우연들로 이루어지지 않으며 수많은 작은 결정이 커리어의 방향을 좌우한다. 만족할 만한 커리어가 될 수도, 그렇지 않을 수도 있다.

당신의 커리어는 고용되고 승진하고 발전하고 배우는 등 즐거운 여정이 되어야 한다. 물론 해고라는 그다지 즐겁지 않은 일을 경험할 수도 있다. 당신은 몰입하고 변화하고 열정을 따르고 돈을 추구하고 스톡옵션을 받는다. 새로운 도시로 이사하고 승진하고 실망하고 일이 꼬이고 평생의 친구를 만나고 잘 살고 있는지 고민도 하고 왜 걱정하는지 생각하기도 한다. 야망을 품을지, 정착할지, 즐길지, 그만둘지는 전부 당신의 선택이다.

'될 대로 되라지' 마인드로는 이 여정을 원활하게 이어갈 수 없다. 커리어를 선택하고 채용되고 그만두는 그 사이에서 일어나는 온갖 일에 전혀 도움이 되지 않는다.

당신이 몸담은 조직의 규모나 위상, 산업이나 문화와 관계없이 책임감은 우리가 '될 대로 되라지' 마인드에서 벗어나는 데 도움이 된다. 결과에 책임을 질 때 좋은 결정이라 확신할 확률도 훨씬 높다. 책임에서 벗어난다면 선택은 그다지 중요하지 않을 것이다. 이는 커리어뿐 아니라 인생의 다양한 측면에 적용된다. 책임지지 않고 아무것도 결정하지 않는다면 피해의식에 젖어 남을 탓하고 변명을 쏟아내게 된다. 책임지려는 생각도 없으면서 상황이 나아지길 막연히 바랄지도 모른다. 헛된 희망이다. 당신은 커리어의 시작 단계부터 책임감을 가져야 한다.

내 경우도 이와 비슷하다. 내 커리어는 도전과 보상으로 가득했으며 나는 책임감을 갖고 언제나 즐겁고 가치 있는 일을 하려고 했다. 모두가 의미 있고 목적 있는 일을 하고 싶어 한다. 자신이 가치 있게 쓰이기를 바란다. 단순히 남에게 보여주려고 일하지 않는다. 내 커리어의 성공이나 실패는 나의 책임이다.

선택하지 않는 커리어를 이어가다간 은퇴할 날만 손꼽아 기다리게 될 것이다. 그러고 싶지 않다면, 의미 있고 가치 있는 일을 찾기 위한 첫 번째 단계부터 살펴보자.

구직 활동: 적합한 도구 사용하기

구직 과정이 늘 합리적으로 진행되지는 않는다. 더러는 잘 모르는 사람을 통해 일을 소개받기도 한다. 거의 모든 구직자가 자세한 예시와 자료, 구직 사이트, 흥미로운 일자리를 찾는 방법에 관한 수만 개의 기사를 이용할 수 있는 시대인데도 실제로는 어떠한 과정으로 채용이 이루어지는지 아무도 모른다.

- 당장 일할 수 있다는 이유로 고용되는 사람도 있다.
- 인사팀 사람들이 더 골머리 썩지 않으려고 고용하는 경우도 있다.
- 직장 상사가 자신의 친척이라 고용되는 사람도 있다.
- 면접 자리에 나왔기 때문에 고용되는 사람도 있다.
- 일자리가 없어서 고용이 안 되는 경우도 있다.

아이러니하게도 채용은 조직에서 문서화가 가장 잘되어 있는 절차다. 구직과 채용에 관한 책도 수백 권에 달한다. 이렇듯 이용할 수 있는 자료가 넘치는데도 저마다 취업과 관련된 실패 경험이 하나쯤은 있다. 취업이 되려면 열정을 품고 자신의 커리어 목표에 책임져야 한다.

구직 과정은 낚시와도 비슷하다. 미끼가 없으면 물고기를 낚을 수 없다. 미끼가 많을수록 물고기를 낚을 확률도 높다. 올바른 낚시도구를 준비해 언제 어떤 물고기가 미끼를 물지 대비해야 한다. 낚시와 마찬가지로 구직 활동에는 인내가 필요하다. 어떤 날은 물고기를 한 마리도 잡지 못할 수 있다. 사실 허탕 치는 날이 더 많으므로 이에 대비해야 한다. 잡은 물고기를 어떻게 할지는 당신에게 달려 있다. 잡은 물고기를 최대한 활용하길 바란다. 아무리 작은 물고기라도 큰 물고기가 당신의 미끼를 물 때까지 버티는 데 도움이 된다.

구직자가 면접에서 '될 대로 되라지' 마인드로 임하는 것은 "나는 이 일을 원하지 않습니다"라고 말하는 거나 마찬가지다. 관심도 없으면서 면접 자리에는 왜 나가는가? 왜 모두의 시간을 낭비하며 정말 원하는 사람에게 갔을 수도 있는 기회를 빼앗는단 말인가? 옷은 왜 차려입었는가? 구직을 하다 보면 체념하는 순간이 올 수 있다. '나는 이 회사에 가지 못할 거야' 식의 '될 대로 되라지'다. 그런 생각은 금물이다! 포기하는 대신 방향을 바꾸면 된다.

레이는 실리콘밸리 벤처 투자 세계에서 가장 성공한 사람으로 손꼽힌다. 그는 현재 수십억 달러의 가치를 지니는 기업의 초기 단계에 투자하기도 했다. 벤처 투자계에 몸담은 사람이라면 설립 초기 단계에 기업의 성공은 리더십에 크게 좌우된다는 사실을 잘 안다. 열정적이고 업무 효율성이 높은 창립자가 없다면 힘겨운 시기를 겪을 수밖에 없다. 레이가 투자한 기업은 새로운 CEO가 필요한 시점이었다. 일생에 한 번 올까 말까 한 기회를 잡을 수 있는 직책이었다. 레이는 인맥을 활용해 이상적인 후보로 보이는 젊은 사람을 찾았다. 유명 MBA를 수료하고 구글에서 일한 적이 있으며 자신만의 스타트업을 차린 경험도 있는 사람이었다.

면접 날짜가 잡혔고 레이는 후보자가 적임자이기를, 기업을 다음 단계로 끌고 나갈 사람이기를 간절히 바랐다. 그런데 면접자는 해진 트레이닝복을 입고 나타나서는 "운동하러 가는 길"이었다고 말했다. 레이는 격식을 따지는 사람이 아니며 자신도 정장을 입고 출근하지는 않지만 이 사람의 예의 없는 자세를 그냥 넘길 수 없었다. 레이는 말했다. "똑똑한 사람일지 모르지만 '면접이나 한번 볼까'라는 태도였어요. 그런 사람이 어딘가에 취업할 수나 있을지 모르겠어요."

이 이야기는 반대 경우에도 똑같이 적용된다. 면접관이 지원자의 말을 제대로 들으려 하지 않는다면 지원자도 느끼기 마련이다. 무관심하고 귀 기울여 듣지 않는 태도는 '될 대로 되라지' 마인드로, 해당 지원자에 대해 이미 선택을 내렸다는 뜻이다. 그 지원자는 뽑지 않을 것이다. 하지만 그렇다고 해서 무례하게 대해서는 안 된다. 기업의 명성은 소비자가 제품이나 서비스를 어떻게 평가하는지뿐 아니라 직원(미래 근무자와 장기 근무자 둘 다)들이 느끼는 대우 방식에도 달려 있다. 지원자가 소셜미디어나 지인들에게 면접이 얼마나 무례했는지 까발리면 기업은 이미지에 타격을 입는다. 면접 인터뷰에는 목표에 맞는 책임이 요구된다.

네트워킹은 트래픽이다

오늘날 우리는 너무 많은 시간을 교통 체증에 허비한다. 교통 체증을 좋아하는 사람은 없다. 요즘은 재택근무가 확산되면서 출퇴근하는 이들이 현저히 줄었다. 하지만 그렇다고 하루 종일 잠옷 바람으로 지낸다면 인맥을 쌓을 기회는 물론 새로운 일자리를 안겨줄지도 모르는 기회를 잃게 된다. 네트워킹은 여전히 커리어에 큰 영향을 미친다.

과거에 일에서의 트래픽은 교통 체증stuck in traffic을 의미했다. 지금의 일은 오히려 '트래픽'을 만들어내고 트래픽의 한가운데로 나아가는 것이다. 트래픽을 유도하는 능력에 따라 내 플랫폼의 가치가 측정된다. 나의 지인, 내 소셜미디어의 위상, 내가 만들어내는 콘텐츠가 여기에 해당한다. 플랫폼의 규모가 클수록 트래픽도 많아지고 우리를 알아볼 고용주도 늘어난다. 그러니 대학가 채용 현황에만 관심을 가지는 대신 특정 분야의 전문가가 되거나 자신만의 의견을 지니길 바란다. 트래픽을 유도하는 능력은 당신이 원하는 일자리를 안겨줄 것이다.

이 트래픽에는 사회과학자들이 '느슨한 유대'라 부르는 것도 포함되어야 한다. 링크드인이 수행하고 〈사이언스〉에서 발행한 어마어마한 규모의 연구에 따르면 (친구보다) 느슨한 지인이 우리가 일자리를 구하는 데 더 큰 도움이 되는 것으로 나타났다. 연구진들이 그러한 결론에 도달하게 된 방식이 연구 결과만큼이나 흥미롭다. 최근에 링크드인을 시작한 사람들 2000만 명이 이 사회 실험의 대상이었다. 2015년부터 2019년까지 링크드인의 엔지니어들은 알고리즘을 바꿔 '당신이 알 수도 있는 사람' 추천 기능을 만들었다. 그리 가깝지 않은 지인과 친한 친구의 단계를 다양하게 바꿔 사용자에게 보여주는 기능이었다. 그 결과 트래픽 내에 있을 경우 원하는 일자리를 더 빨리 얻을 수 있었다. 그러니 사람들과 이어지고 점심을 먹고 커피를 사고 새로운 관계를 구축해야 한다. 내가 자신감 있고 쿨한 사람이라는 걸 타인에게 알릴 기회를 놓치지 말아야 한다. 회사 1층 가게에서 매일 혼자 샌드위치를 허겁지겁 먹은 뒤 사무실로 돌아가 점심 식사에 시간을 낭비하지 않는 것이 성공의 지름길이라 믿으며 일에만 파묻히지는 말자. 매일 사람들과 점심을 먹으며 무슨 일이 일어나는지 살펴라. 밖으로 나가야 한다. 성공하려면 네트워킹이 필수다.

적정한 연봉 알기

당신은 바라던 일을 하고 있는가? 그렇다면 축하한다. 이제 연봉 이야기를 해보자. 안정적인 월급은 라면 대신 뭔가 다른 걸 먹어야 할 때임을 의미할지도 모른다. 자신이 받는 월급에 만족할지도 모르지만 현재의 월급이 나의 적정한 몸값인지 어떻게 안단 말인가? 공정한가? 타당한 수준인가? 우리는 자신이 얼마나 받는지 잘 얘기하지 않는다. 같은 직책의 다른 사람이 얼마나 받는지 알고 싶어 안달이지만 그런 얘기를 꺼내도 될지 망설인다. 연봉은 극도로 민감한 주제다. 하지만 이 주제를 꺼내 질문을 던지지 않는다면 복도 끝에 앉아 있는 월급 루팡보다 나의 월급이 더 많은지 어떻게 알겠는가?

연봉 얘기를 꺼내면 골치 아파질 수 있다. 어떤 식으로든 그러한 이야기를 반기는 기업은 별로 없으며, 많은 이가 돈 얘기를 꺼내는 건 품위 있는 행동이 아니라고 생각한다. 구체적인 숫자를 언급할 경우 자랑이나 불평으로밖에 들리지 않는다. 연봉이 결정되는 과정은 복잡하다. 사람들이 동일한 돈을 받지 않는 이유가 넘쳐나기 때문이다. 경험, 역량, 상사와의 관계 등이 영향을 미칠 수 있다.

연봉을 알아내는 확실한 방법은 시장 조사다. 현재 시행 중인 온갖 설문조사를 보면 내가 과연 적정한 연봉을 받고 있는지 감을 잡을 수 있다. 적정하지 않다면 얘기를 꺼내볼 때다. 인상이나 추가 수당을 요청해야 한다. 물론 거절당할 수 있다는 각오는 필요하다. 소문이 아니라 제대로 된 정보가 필요하다. 그런데 연봉 문제에도 '될 대로 되라지' 마인드로 임하는 사람이 너무 많다. 나 자신과 나의 노력에 책임지기 위해서라도 내가 제대로 된 연봉을 받고 있는지 알아보길 바란다.

돈 이야기를 두려워하지 않아야 하는 또 다른 사례를 보자. 캐린 슈나이더는 데이터 기반 소프트웨어 기업을 여럿 창립해 이끌고 있다. 증권 옵션 관련 온갖 사안을 다루는 연사이자 세계적인 컨설턴트이자 멘토이기도 하다. 캐린은 이렇게 말한다. "연봉과 '될 대로 되라지'를 절대로 한 문장 안에 써서는 안 됩니다. 돈 이야기 앞에서 사람들은 부당한 대우를 받아도 그러려니 합니다. 그 사실이 저는 정말 짜증나요. 의료 보험에 관해서 '될 대로 되라지'라고 말하는 사람은 없잖아요. 연봉 역시 마찬가지 태도로 다가가야 합니다."

그녀는 고용주 역시 마찬가지라고 말한다. "직원들을 화나게 만들고 싶거든 그렇게 심드렁한 태도를 유지하세요. '보너스 지급을 몇 달 미루면 직원들이 눈치챌까?'라고 생각하나요? 당연하죠, 직원들은 눈치챕니다. 그런 선택은 하지 마세요. 돈과 관련된 그 어떤 것도 직원들에게서 빼앗으려 하지 마세요."

캐린은 기업 정책이 어떻든 직원들이 결국 돈 이야기를 한다는 걸 알아챈 사람이다. 어떤 기업은 아무도 이해하지 못하도록 연봉 구조를 너무 복잡하게 만들어서 직원들이 '주는 대로 받지 뭐'라고 생각하게 만든다. 모두가 자신이 어째서 그러한 연봉을 받게 되었는지 알아야 한다. 막연히 짐작하게 만들어서는 안 된다.

그녀는 효과적인 보상 정책이 사람들이 직장에 남아 생산적으로 일하도록 장려하는 일종의 문화가 되어야 한다고 생각한다. 좋은 정책은 '될 대로 되라지' 마인드를 뿌리 뽑을 것이다.

연봉을 높이는 방법

연봉이 합당하지 않다면 더 받아야 한다. 나는 임금 인상을 바란다. 당신도 그럴 것이다. 우리 모두가 임금 인상을 바라지만 나를 포함한 그 누구도 임금 인상을 요청하지 않는다. 그렇다면 어떻게 임금을 인상한단 말인가? 연봉 인상은 엄마 말을 듣는 것만큼이나 단순한 일이다. 엄마라면 "물어보지도 않는데 어떻게 주겠니"라고 말할지도 모른다.

현자 한 분이 내게 말한 적 있다. 연봉을 높이는 가장 쉬운 방법은 근무 시간을 줄이는 거라고. 그렇게 되면 나의 시간급이 올라가기 때문이다. 물론 남들보다 앞서나가 인사 고과에서 높은 점수를 받고 싶은 사람이라면 근무 시간을 줄이고 싶지 않을 것이다. 전문가들이 제안하는 방법은 다음과 같다.

첫째는 영웅의 역할을 찾는 것이다. 이러한 역할은 조직 내에서 보통 가장 힘들고 번거로운 일이다. 판매나 제품 개발처럼 수익을 창출하는 역할로 옮기는 방법도 있다. 연봉을 높이는 또 다른 방법은 상사에게 찾아가 연봉을 높이려면 어떻게 해야 할지 알아내는 것이다. 그렇게 되면 더 많은 돈을 벌 수 있는 신뢰 관계를 구축할 수 있다. 마지막으로, 직장을 옮기면 된다.

어떠한 경우든 위험이 따를 테지만 자신의 몸값을 챙기려면 그 정도 위험은 감수해야 한다. 자신의 월급 명세서를 보며 '될 대로 되라지'라고 말하고 있다면 변화가 필요한 시점이다.

업무 성과는
"될 대로 되라지"라고
말할 문제가 아니다

직장에는 우리의 업무 성과를 향상시켜주는 온갖 종류의 도구가 있다. 다양한 소프트웨어, 프로세스가 우리의 실적을 개선하기 위해 개발된다. '실적 개선'은 전자레인지에 다시 데운 음식 냄새처럼 직장 내에 늘 떠도는 문구다.

실적 개선만큼이나 우리를 늘 따라다니는 것이 평가다. 면허나 의료 보험을 갱신하는 일처럼 업무 평가는 매년, 누군가에게는 좀 더 자주 찾아온다. 업무 평가를 좋아하는 사람은 많지 않다. 대부분 업무 평가가 너무 두려운 나머지 그 순간이 눈앞에 닥치기 전까지 외면하곤 한다. 그러다 업무 평가가 시작되면 우리는 한숨을 내쉬며 준비한다. 하지만 너무 늦었을지도 모른다. 만약 그 과정에서 "될 대로 되라지"라고 중얼거리기라도 했다면 말이다.

간단한 해결책은 당신이 회사에 기여한 부분을 그때그때 기록해두는 것이다. 매일, 매주, 매달, 조직이 발전하는 데 내가 어떤 역할을 했는지 적어보자. 우리가 매해 적는 새해 결심과도 비슷하다. 당신이 조직에 실제로 얼마나 기여했는지는 당신 자신만 안다. 업무 평가 때 뒤돌아보며 "나 정말 잘했잖아!"라고 말할 수 있는 사람도 당신뿐이다.

어떤 방식을 사용하는지는 중요하지 않다. 노트나 메모지, 달력을 이용하거나 매일 사진을 찍어두어도 좋다. 구체적으로 적으면 좋겠지만 번거롭다면 '시간 내에 프로젝트 완료'라든지 '프레젠테이션 대성공'처럼 핵심 단어만 적어도 된다. 자신의 업무를 기록해두면 연봉 인상과 승진, 정신 건강 개선에 도움이 된다.

· 업무 평가 결과가 **기대 초과**일 경우 죽도록 일한 걸 인정받았다는 의미일 수도 있지만, 한편으로는 의문이 들지도 모른다. 이곳이 나에게 너무 편한가? 나는 충분히 자극받고 있는가?

· **기대 충족**은 수많은 경쟁자가 있다는 의미다. 내가 충분히 열심히 일하고 있는지, 나의 가치를 제대로 평가받고 있는지 물어야 한다는 뜻이기도 하다.

· **개선 요망**은 문제가 있다는 뜻으로 냉철한 자기 평가가 필요하다. 더 열심히 일하는 것만이 능사는 아니다. 직장을 옮겨야 할지 커리어를 바꿔야 할지 나 자신과 허심탄회하게 대화를 나눠보자.

아무리 복잡할지라도 업무 평가, 특히 자기 평가에 주의를 기울이길 바란다. 가능하다면 자신에게 '기대 초과'를 주자. 그러면 안 될 이유가 어디 있는가? 조직은 업무 평가 과정을 복잡하게 만드는 경향이 있지만 셀프 평가는 '조직의 발전에 내가 어떻게 기여했는가?'라는 질문에 구체적으로 답할 수만 있으면 된다.

아무리 복잡할지라도 업무 평가 과정에 함께하자. 평가 과정에서 거의 모두에게 '기대 충족'이라는 평가를 주기 위해 온갖 소동이 일어나는 터라 자칫 "될 대로 되라지"라며 외면하기 쉽다. 하지만 반드시 관심을 갖고 책임감 있는 태도로 임하길 바란다.

화상 업무 평가는 대면 미팅보다 더 어색하다. 이 과정을 '영상 디스카운트'라 부르는 이들도 있다. 모니터를 통해서는 업무 평가의 세부 요소들과 뉘앙스를 오롯이 포착하기가 쉽지 않기 때문이다. 온라인으로 의사소통하는 데 익숙하지 않으면 훌륭한 평가도 그렇지 않게 느껴질 수 있다. 뒤에서 고양

이가 뛰어다니거나 배달원이 벨을 누르는 등 주의를 앗아가는 바람에 당신의 업무 평가가 제대로 전달되지 않을 수 있다. 운명의 시간에 임원실로 들어가는 것처럼 화상 업무 평가에 임하라. 옷을 갖춰 입는 것도 좋다. 업무 평가를 하는 사람이든 받는 사람이든 진지하게 임하며 자료와 전달할 메시지를 미리 준비해둬야 한다.

업무 평가는 나의 커리어를 찬찬히 돌아보고 나에게 맞는 곳에서 일하고 있는지 생각해볼 기회다. 집에서 일하든 다른 어디에서 일하든, 내가 하는 일을 기록하고 나 자신에게 책임을 져 긍정적인 평가를 받는 것이 중요하다. 자신의 성과를 기록하는 것은 나의 업무에 영향을 미칠 수 있다. 오직 자신만이 나의 성과를 기록할 수 있으니 반드시 그렇게 하자.

현재에 안주하지 말라

자신의 성과와 몸값은 스스로 챙겨야 한다. 알랜의 사례를 보자. 승진 대상자들은 누구나 알았다, 파트너로 승진하려면 전년도에 미친 듯이 일해야 한다는 걸. 알랜도 알고 있었다. 고통스러운 해가 되겠지만 승진만 한다면 그 정도 희생을 할 만한 가치가 있을 터였다. 파트너가 되면 막대한 연봉과 영예, 평생의 안위를 보장받을 수 있었다. 파트너가 된다는 건 종신 재직권을 얻는 거나 마찬가지였다.

후보자는 연초에 파트너가 되기 위한 일에만 집중하기 위해 가족들에게 함께 시간을 보내지 못하게 될 거라고 알려야 했다. 가족들의 기대치를 낮추도록 대본까지 제공되었다. 아이들의 축구 코치? 생각도 하지 말 것! 주말에 가족이나 친구들과 보내는 시간? 없다! 스트레스로 점철된 출장? 넘치도록 있다. 승진을 하게 될지 알 수 있나? 모른다. 당근은 승진이고 채찍은 결정나기 전의 희생이다.

파트너 결정은 매년 같은 시기에 이루어졌다. 1년 혹은 그 이상 희생한 사람은 승진 결과를 기다렸다. 알랜은 금요일 아침 상사에게 걸려온 한 통의 전화로 소식을 접하게 되었다. 결과는 절망적이었다.

상사는 가볍고 일상적인 어투로 알랜에게 이렇게 말했다. "미안하네. 위원회가 자네를 좋아하지만 중역 자리를 맡기에는 부족하다고 생각해. 그래도 회사를 떠나지는 않았으면 하네. 연봉도 충분하고 자네가 할 수 있는 일이 있지 않은가."

지금 장난하냐고! 알랜은 생각했다. 그는 예의 바르게 전화를 끊었다. 이제 거절당했으니 그가 파트너가 될 확률은 0에 가까웠다. 다시는 고려 대상이 되지도 않을 터였다. 1년 내내 얼굴조차 거의 못 본 가족에게 이 소식을, 그의 노력이 부족했다는 말을 전할 생각을 하니 아득했다. 게다가 직원 모두가 이 소식을 접했을 텐데 그들 얼굴을 어떻게 본담?

'될 대로 되라지' 마인드가 발동할 수 있는 전형적인 순간이었다. 알랜은 어깨를 으쓱하며 "연봉도 그만하면 나쁘지 않고 추가 수당도 좋은 자리야. 그 개자식들이 나를 거절했지만 그래도 어쩌겠어"라고 말할 수 있었다. 하지만 그는 "될 대로 되라지"라고 말하지 않았다.

그는 자신에게 이렇게 말했다. "나는 아직 안 끝났어. 그 자식들한테 보여줄 거야." 그는 정말로 그렇게 했다. 새로운 회사에 들어가 파트너 자리를 따냈다. 새로운 기업에서 그는 잘나갔고 그를 거절한 회사에서보다 훨씬 승승장구했다. "될 대로 되라지"라고 말했더라면 옛 회사에 남아 안전하고 건실한 현실에 만족했을지도 모른다. 남은 평생 그럭저럭 살며 여전히 실망하고 매일 거절당한 상처를 달래야 했을지도 모른다.

그만두는 순간에도
'될 대로 되라지'는 금물

　　　　　　그동안 나는 수많은 사표를 수리했으며 내 발로 회사를 나간 적도 있다. 회사를 잘 그만두는 방법도 나쁘게 그만두는 방법도 있다. 회사를 잘 그만두는 방법은 빠르게 나가는 것이다. 퇴사에 오랜 시간이 걸려서는 안 된다. 감사하는 마음으로 떠나라. 다시는 보지 않을 관계인 양 행동하지 말자. 지금의 상사나 동료를 훗날 어디에서 만나게 될지는 아무도 모른다. 해고될 때도 마찬가지다. 결정이 내려졌으면 끝이다. 해고당할 만한 일을 저질렀다면 그에 따른 결과를 감당하며 최대한 빨리 그곳에서 나와라.

　　우리는 여러 이유로 해고된다. '경기 침체', '구조조정', '당신의 업무가 없어졌네' 등은 윗선에서 쉽게 대는 해고 사유다. 물론 업무 성과가 좋지 않다는 이유로 해고되기도 한다. 어떤 경우든 당신이 상사를 위로할 필요는 없다. 사표를 냈을 때와 마찬가지로 최대한 빨리 떠나는 편이 좋다. 해고되든, 제 발로 떠나든 오래 걸려서는 안 된다. 빨리 끝내버리고 잊자.

당신이 곧 떠날 사람이라면 회사는 당신을 없는 사람 취급할 것이다. 그런데 정작 당신은 나가는 길에 조직의 온갖 병폐를 고치고 싶은 유혹에 사로잡힐지도 모른다. 맡겨만 준다면 시정하고 싶은 목록들이 있을 것이다. 부디 그러지 말기 바란다. 당신은 지금 회사를 떠나는 것이다. 회사를 떠나는 순간 조직은 기껏 해봤자 당신을 변절자 취급할 것이며 변절자가 왜 주위를 어슬렁거리는지 의아해할 것이다. 그러니 변절자가 된 채 떠나는 편이 좋다. 믿거나 말거나 회사는 당신 없이도 잘 굴러갈 것이다. 당신이 떠난 뒤 기업이 흥할지 망할지는 더 이상 당신의 관심사가 아니다. 그 시간에 새로운 일자리를 찾는 편이 낫다.

퇴직금을 받고 자리를 정리한 뒤 출입증을 반납하고 그곳을 떠나자. 알짱거리거나 상사의 차를 부순다고 뭔가 얻어낼 수 있는 건 아니다. 앞으로 무슨 일을 할지 계획을 세우자. 그것이야말로 기회다. 이제 당신은 자신을 책임져야 한다. '될 대로 되라지'라는 식으로 해고나 퇴사에 임해서는 안 된다.

우리가 일하고 싶은 조직은 어떤 곳일까? 직원들이 결정을 내릴 힘이 있다고 느끼게 하는 조직이다. 직원들이 자신의 가치를 느끼는 문화를 조성하는 곳이다. 상호 간에, 그리고 직원들을 향한 책임이 중요한 조직이다. "될 대로 되라지"라고 말하지 않는 조직이다. 이는 공공연한 사실이다. 성공은 의도적이고 책임감 있는 일터를 조성할 때 따라온다.

백화점 체인 노드스트롬을 예로 들어보자. 온·오프라인 매장에서 노드스트롬은 직원들이 결정을 미루지 않도록 힘을 실어주며 모두가 이를 알도록 선언하는 것으로 유명하다. 노드스트롬의 직원 편람에 명시된 철학은 다음과 같다. "우리의 목표는 훌륭한 고객 서비스를 제공하는 것이다. 개인적인 목표든, 직업적인 목표든 높게 잡길 바란다. 우리에게는 이러한 목표를 달성할 능력이 있다. 노드스트롬 규칙 1. 어떠한 상황에서든 최고의 판단을 내린다. '최고의 판단을 내린다'는 건 '될 대로 되라지'라는 말로 결정을 미루는 대신 결정을 내린다는 의미다."

재택근무 Q&A

몇 년 사이 재택근무를 하는 기업의 비중이 크게 늘었다. 당신은 어떤 자세로 재택근무를 하고 있는가? 업무 환경에 따라 '될 대로 되라지' 마인드가 당신을 침투할 수도 있으니 주의하자. '될 대로 되라지' 마인드에서 벗어나 성공적인 재택근무를 할 수 있는 가이드라인은 다음과 같다.

1. 오전에 있는 줌 미팅 참석 전에 샤워하고 말끔한 모습으로 나타나야 할까?

→ 당연하다! 최소한 상반신은 그렇게 하길 바란다.

2. 수많은 동료와 다 함께 영상을 보는 것도 네트워킹으로 쳐야 할까?

→ 그렇다. 그들과 연결되길 바란다. 누가 회의에 참석했는지 주목하자.

3. 줌 미팅에서 동료에게 배경이 수집광처럼 보인다고 말해야 할까?

→ 그러지 않는 편이 낫다. 누구든 자신의 취향에 대해 이러쿵저러쿵 말을 듣고 싶어 하지 않을 것이다.

4. 운동 루틴이 깨져 체중이 늘고 있는데 운동을 다시 시작해야 할까?

→ 그렇다. 운동하기 위해 사무실 근처 헬스장에 갈 필요는

없다. 그리고 줌 미팅을 하면서 제발 군것질 좀 하지 말자.

5. 통근길이 살짝 그립다. 내가 이상한 사람인가?

→ 집에서 탈출하고 싶은가? 아니면 출퇴근길에 들던 라디오나 커피숍에 들러 커피 한잔하던 때가 그리운가? 출근하지 않아도 이 모든 일을 할 수 있다. 당신이 이상한 게 아니다.

6. 집에서 일하니까 반려동물을 입양해볼까?

→ 동물을 정말 좋아하고 장기적으로 돌볼 수 있는 경우에만 그러길 바란다.

7. 나의 줌 화면 배경에 보이는 BTS 포스터를 보고 사람들이 뭐라고 한다. 떼어야 할까?

→ 대답하기 쉽지 않은 질문이다. 그래야 할 수도, 그렇지 않을 수도 있다. 다른 사람에게 나의 배경이 보일 수 있다는 점만 기억하길 바란다.

8. 채팅창에서 동료 험담을 하다가 들켰다. 사과해야 할까?

→ 당연하다. 그리고 다시는 그런 행동을 하지 말자.

9. 화상 회의를 하는 동안 음소거 버튼을 자주 누른다. 다

른 이들이 알아챌까?

→ 그렇다. 버튼을 누르고 싶어도 참길 바란다.

10. 줌 미팅에서 우는 것도 우는 것에 포함될까?

→ 줌 미팅에서 감정을 드러내는 것은 사무실에서 감정을 드러내는 것과 다르지 않다. 주의하길 바란다.

11. 원격 근무를 하는 동안 새로운 일자리를 찾고 있다고 동료에게 말해야 할까?

→ 원격 근무를 하든, 회사에 출근해서 일하든, 다른 이들에게 당신이 새로운 일을 찾고 있다고 알리는 건 현 직장에 좋지 않은 영향을 미칠 수 있다. 신중하게 행동하길 바란다.

12. 재택근무를 할지라도 영구 기록이 남을까?

→ 그렇다. 어디에서 일하든, 당신이 회사에 얼마나 기여하는지 회사는 예의주시하고 있다.

재택근무를 하든 사무실에서 일하든 프리랜서이든, 당신의 업무 능력을 올려줄 수 있는 도구가 있다. 자신의 장단점을 적어보는 것이다. 많은 사람이 이 방법을 적극적으로 실행하여 자신의 업무 능력을 향상시킨다. 반드시 거창한 도구를 활용할 필요는 없다. 냅킨 뒷면에 적어볼 수도 있고 스프레드시트로 꼼꼼하게 정리할 수도 있다. 다른 이들에게 보여준 뒤 그들의 도움을 받을 수도 있다. 장단점 목록은 아주 유용하다. 목록을 나만 보는 건 좋지 않은데, 객관적이지 않으며 나의 편견으로 가득차기 십상이기 때문이다. 목록을 작성하는 동안 이 사실을 눈치챘다면 올바른 시각으로 나의 목록을 바라볼 수 있다.

집 구매처럼 큰 결정을 예로 들어보자. 근사한 부엌, 개조할 필요 없음, 널찍한 뒤뜰 같은 20가지 장점을 적어볼 수 있다. 단점은 한 가지밖에 없을 수 있지만 '이웃집에 살인자가 살고 있을 수 있다'라든지 '기초공사를 새로 해야 한다' 같은 것이 될 수 있다. 자, 이제 어떻게 해야 할까? 정답이 명확하지 않을 때 '될 대로 되라지' 마인드가 파고들 수 있다. 장단점 목록은 '될 대로 되라지'라고 말하지 않는 가장 보편적인 방법이다.

직장 동료와 점심을 먹으러 가는 일이나 어떤 물건을 구매할지 말지처럼 단순한 일들에도 이 방법을 적용할 수 있다. 이 시스템이 효과를 내려면 솔직해야 하며 모든 장단점이 동일하지 않다는 사실을 인지해야 한다. 직장 동료와의 점심이 좋은 예다. 장점은 당신이 그 동료를 좋아하며 점심을 먹게 된다는 사실이다. 단점은 마감이 코앞이라 점심을 먹으러 가면 마감을 넘기게 되리라는 사실이다. 이때 당신이 할 수 있는 간단한 선택은 점심을 거르는 것이다. 그러나 이렇게 '될 대로 되라지' 식으로 생각했다간 자칫 점심도 거르고 마감도 놓쳐 우울해질 수 있다.

나만의 장단점 목록을 적어보자.
'될 되로 되라지' 마인드에 맞서는
강력한 도구다.

5장

성공의 길은 선택과
책임으로 채워진다

인생에서 일어나는
모든 일을 해결하는
유일한 방법은
결정하는 것이다.

—랠프 키니

성공으로 향하는 길은 리스크로 점철돼 있다

당신이 경험한 최고의 상사와 최악의 상사를 기억하는가? 최악의 상사는 쉽게 떠올릴 수 있을 것이다. 최악의 상사와 그들에 대한 웃지 못할 일화는 지금도 매일 소셜미디어를 장식한다. 하지만 당신이 주목해야 하는 대상은 좋은 상사다. 우리가 사랑해 마지않는 상사들은 어떤 사람들일까? '될 대로 되라지' 마인드와 관련해 나와 애기 나눈 전문가들이 공통으로 꼽은 좋은 상사의 3가지 자질은 다음과 같다.

1. 나를 발전시키는 상사. "이 정도로는 안 돼. 자네는 더 잘 할 수 있다고"라고 말하는 상사다. 내가 승진하고 더 나은 성과를 내도록 부추기는 상사다. 나와의 사이가 소원해질 수 있음에도 내가 최고의 성과를 내지 못하는 걸 용납하지 않는다.

2. 나에게 기회를 주는 상사. 나를 깊은 수영장에 빠뜨리는 상사다. 내가 나도 모르는 사이에 수영하게 될 것임을 알기 때문이다. 내 생각보다 잘할 수 있다는 사실을 깨닫게 하기 위해 나에게 모험을 거는 상사다.

3. 나에게 상사가 되는 법을 가르치는 상사. 정보와 관점을 나누고 함께 시간을 보내는 상사다. 편애한다는 비난을 감수하며 내가 발전하도록 이끄는 상사다. 약속을 이행하며, 내가 언젠가 되고 싶은 유형의 상사다.

3가지 유형의 상사에게서 나타나는 공통적인 특징은 '리스크'다(이 3가지 자질이 한 상사에게서 보일 수도 있다). 결정에 따르는 리스크를 기꺼이 떠안으려는 자세. 효율적으로 일하는 리더는 훌륭한 의사결정자다. 의사결정 과정에는 언제나 어느 정도의 위험 요소가 내재되어 있다. 그리고 우리는 모두 결정하는 대가로 돈을 받는다. 자신의 판단력을 바탕으로 결정하는 능력이 직업 만족도에 큰 영향을 미친다. CEO에게만 해당하는 얘기가 아니다. 매니저, 팀 리더, 한 집안의 가장, 볼링팀 주장도 모두 리더다. 포춘 500대 기업이든, 가족이든, 걸스카우트단이든, 자신의 경력에서든, 우리 모두는 무언가의 리더이자 매니저다.

결정하지 않는 리더의 최후

컨설팅을 하면서 나는 (좋게 말해) 대기업의 조직개편 업무를 맡곤 했다. 해고 없는 조직개편은 거의 없다. 컨설턴트는 보통 조직개편의 기관사가 된다. 좀 더 객관적이고, 비난의 대상으로 삼기도 쉽기 때문이다. 이 일을 하면서 '될 대로 되라지' 식의 태도가 얼마나 위험할 수 있는지 깨닫게 된 일화가 있다.

긴박한 상황이었다. 포춘 500대 기업 본사 회의실에 의자가 놓였다. 컨설팅팀을 이끌던 나는 현 상황과 관련 자료, 권고사항을 막 발표할 참이었다.

이번 회의는 합병 이후 콜센터의 위치를 결정하기 위한 기나긴 프로젝트의 결과를 발표하는 자리였다. 합병이란 다시 말해 해고를 의미했다. 인력도 시설도 콜센터도 너무 많았다. 컨설팅팀은 어떤 콜센터를 어떻게 합병하고 콜센터를 얼마나 줄일지 결정하는 데 주력했다. 그 결정에 콜센터 여성들의 삶이 달려 있었다. 기존에 20곳이었던 콜센터는 이제 겨우 3곳이 될 터였다. 일자리를 잃은 사람들은 17개 도시에서 일자리를 구하려고 버둥댈 터였다.

운영 연구 분야 박사들이 프로젝트에 동원되었다. 관련 자료도 방대했다. 전국적으로 보도될 소식이었기에 모두가 제대로 해내고 싶어 했다. 형식적인 프레젠테이션이 시작되었지만 아무도 귀 기울여 듣지 않았다. 모두가 기다리는 건 '답'이었다. 마지막 슬라이드에 도달할 때까지 누구도 어떤 도시가 적혔는지 알지 못했다. 마지막 페이지로 넘어갈 즈음 나는 긴장을 풀어보려고 이 결정이 굉장히 중요하며 올바른 결정이 내려질 거라고 말했다.

마지막 슬라이드에는 5개 도시가 적혀 있었다. 우리의 임무는 5개 도시로 선택지를 간추리는 것이었고 기업은 우리의 평가 기준과 기업의 현 상황을 고려해 최종적으로 3개 도시를 선택할 예정이었다. 다 함께 화면에 뜬 5개 도시를 바라보았다. 모두가 수긍하는 분위기였다. 우리는 할 일을 마쳤고 이제 결정할 시간이었다. 지금부터는 CEO의 일이었다.

그런데 그가 슬라이드를 보며 입술을 삐쭉이더니 "어떻게든 되겠지?"라고 외쳤다.

회의실 안에 정적이 내려앉았다. 나는 할 말을 잃었다. 뭐라고? 모두가 나를 힐끗 쳐다봤다. CEO가 농담하는 거겠지. 그래서 나도 농담을 던졌다. "'어떻게든 되겠지'는 우리가 고려 중인 도시가 아닙니다만."

내 말에 CEO는 자리에서 일어나더니 그대로 회의실 밖으로 나가버렸다. 어떻게 이런 일이 있을 수 있을까? 그토록 많은 연봉을 받는 사람이 어떻게 결정을 회피할 수 있단 말인가? 그러다 문득 깨달았다. 그의 '어떻게든 되겠지'에는 '당신이 결정하시오, 잘난 컨설턴트 양반. 그래야 뒤따를 온갖 문제를 덮어씌울 수 있을 테니'라는 뜻이 숨어 있었다. CEO는 위험을 감수하지 않을 작정이었다. 책임지지 않을 심산이었다. 조직의 목표에 부합하는 행동을 취하지 않을 터였다.

결국 결정은 내려졌고 안타깝게도 수천 명의 여성이 일자리를 잃었다. 예상대로 컨설턴트팀에 비난의 화살이 돌아갔다. 그리고 "어떻게든 되겠지"라고 말한 CEO도 커리어에 치명타를 입었다. 그는 결정을 회피했으며 남을 탓했다. 결국 직원들의 신뢰를 잃었고 중요한 프로젝트를 맡을 기회를 다시는 얻지 못했다. 조직을 위해 중대한 결정을 내릴 기회를 스스로 걷어찼으니 누구를 원망하겠는가. 사람들은 모르지 않는다. "어떻게든 되겠지"라는 말이 그의 커리어를 망쳤다. 이 일화에서 우리가 얻을 수 있는 교훈은 확실하다. 어떠한 리더십 역할을 맡든 '어떻게든 되겠지'는 옳은 선택이 아니다.

나는 〈포브스〉나 〈포춘〉지 표지를 장식하는 유명한 리더에서부터, 사람들에게 알려지지 않았지만 매일 노력하는 리더에 이르기까지 수백 명의 리더와 일했다. 하이테크 기업 경영진이든 승무원 조합장이든, 뛰어난 리더는 절대로 "될 대로 되라지"라고 말하지 않는다. 효율적으로 일하는 리더는 자료를 살피고 팀원의 이야기에 귀 기울이며 선택지를 강구한다. 다양한 도구를 이용해 각 선택지를 찬찬히 따진 후 하나를 고른다. 성공적인 조직에는 그렇게 행동하는 훌륭한 리더가 넘친다.

대형 부동산 기업이나 물류 기업을 생각해보자. 그곳의 리더들은 큰 결정을 할 때도 있지만 일상에서는 너덜너덜한 러그, 부서진 문짝, 임대, 세입자와 관련된 결정을 내린다. 모든 결정이 사업을 성공적으로 운영하는 데 중요한 요소다. 이와 관련된 결정을 할 땐 심사숙고해야 한다. '될 대로 되라지' 식으로 결정해서는 안 된다. 그런 리더는 누구도 원하지 않는다. 우리는 리더가 결단력 있게 결정하기를 기대한다. 자신의 말을 자꾸 번복하는 정치인은 비난받기 마련이다. 에이브러햄 링컨이 "될 대로 되라지"라고 말한 적이 있을까? 팀 쿡이 애플 제품과 관련한 결정에서 "될 대로 되라지"라고 말할까? 결코 아닐 것이다.

리더는 결정의 대가로
돈을 받는다

어떤 직장이든 우리는 결정하는 대가로 돈을 받는다. 어떤 직원은 "결정하는 건 내 일이 아니야"라고 말한다. 틀렸다! 결정하는 게 당신의 일이다. 다시 강조하지만, 우리 모두는 자기 커리어의 리더다. "될 대로 되라지"라고 말하며 결정을 떠넘기는 조직은 정체될 뿐이다. 당신 역시 방향을 잃고 일자리도 잃을지 모른다. 어깨를 으쓱하며 메시지에 응답하지 않고 회의에 불참하는 행동은 '될 대로 되라지' 증후군의 징후다. 아무리 작은 결정도 "될 대로 되라지"라며 뭉그적대는 것보다 쉽지는 않다. 하지만 리더는 결정을 피할 수 없다. 결정의 크기와 관계없이 결정하지 않는 행동은 동료, 고객, 투자자들의 눈에 띄게 돼 있다. 그런 태도를 좋게 볼 사람은 없다. 훌륭한 리더에겐 '결정 의지 부족'이라는 특징은 없다. 좋은 결정을 하는 역량이 있을 뿐이다.

높은 자리의 리더일수록 '될 대로 되라지' 마인드를 특히 경계해야 한다. 다른 이들을 책임질 의무가 있기 때문이다. 리더는 선택하지 않았을 때 뒤따르는 결과를 감당해야 한다. '될 대로 되라지' 식이 낳은 실패는 회사를 궁지에 몰아넣거나 수백 명의 일자리를 앗아갈지도 모른다.

　아무리 작은 선택일지언정 자신의 행동이 엄청난 결과를 가져올 수 있다는 사실을 정작 리더가 잘 모르는 경우가 있다. 아무리 사소해도 리더의 모든 결정은 조직에 영향을 미친다. 이를 잘 보여주는 어느 중간 관리자의 고백을 들어보자.

　"이곳에서는 모든 것이 예산에 달려 있습니다. 예산보다 비용이 적게 들면 좋고 초과하면 안 되죠. 예산이 살짝 초과하자 저는 어떻게 줄일지 생각했습니다. 그때 누군가 제안했죠. 휴게실 비품을 조금 줄인다고 큰 지장이 있지는 않을 거라고. 예산을 맞추는 데 도움이 될 거라고요. 저는 '어떻게든 되겠지' 하는 심정으로 사무실에서 제공하는 공짜 커피를 없앴습니다. 직원들의 반응은 핵폭탄급이었죠. 직원들은 회사가 망하고 있다고 생각했습니다. 새로운 일자리를 찾기 시작했고 사무용품을 훔쳤어요. 누군가는 '우리를 이 지경으로 몰아넣은 자식, 지옥으로 꺼져'라고 포스트잇을 붙여놓았습니다. 제가 '그냥 커피일 뿐인데 뭐 어때?'라고 생각한 결과였죠."

신경 쓰지 않는 것은 모르는 것과 다르지 않다

리더 또한 "어떻게든 되겠지"라고 말하고 싶은 강렬한 유혹을 느낀다. 리더십은 지치는 과업이다. 그렇다고 리더가 "될 대로 되라지"라고 말하면, 누가 그런 리더를 믿겠는가? 팀원은 리더를 믿을 수 있어야 하고 리더는 다른 이들의 신뢰를 얻고자 노력해야 한다. "될 대로 되라지"라는 말은 "나를 믿지 말라"라는 말이나 다름없다.

리더가 내려야 하는 전략적인 결정은 프로젝트의 다음 단계나 핵심 목표와 관련 있다. 예컨대 이런 것이다. "올해 100개의 프로젝트를 조금씩 진척하겠는가, 주요 프로젝트 2개를 크게 추진하겠는가?" 이때 '될 대로 되라지'라는 입장을 보이는 것이야말로 최악이다. 그렇게 한다면 프로젝트 몇 개가 찔끔찔끔 진행되겠지만, 그 어떤 프로젝트도 최종 목표에 도달하지 못할 것이다.

"될 대로 되라지"라는 말 뒤에 숨어 좋지 않은 결정의 결과를 감내하는 대신 결정을 바꾸는 편이 나을 때도 있다. 어떠한 결정을 번복해야 하는지 판단하는 것도 리더십 스킬이다. 사람들은 리더에게 그러한 자질이 있는지 알아본다. 과감하게 행동하지 않으면 비난도 받지 않을 것이다. 하지만 '될 대로 되라지' 세계에 갇혀 있으니 대담한 행동으로 비난받는 편이 낫다.

리더는 좋지 않은 상황이 더 나빠질 수 있음을 명심해야한다. '될 대로 되라지' 마인드는 상황을 악화일로로 치닫게만들 뿐이다. 작은 선택을 충분히 고려하지 않을 때 상황은더 나빠질 수 있다. 특히 무언가를 은폐한다면 작은 선택이쌓이고 쌓여 엄청난 결과를 가져온다. 리처드 닉슨이나 엘리자베스 홈스를 비롯해 수치스러운 결말을 맞이한 수많은 리더를 생각해보자. 존중받는 리더는 좋지 않은 상황을 솔직하게 공개하며 이미 일어난 일과 앞으로 일어날 일을 책임진다.

리더가 아무것도 모른다는 태도를 보인다면 팀원은 눈 오는 날 와이퍼 없이 운전하는 기분일 것이다. 리더는 '우리의미션은 무엇인가?', '어떤 전력이 있나?', '우리는 무엇을 지지하는가?', '우리는 어디로 가고 있는가?' 같은 질문에 답할 수있어야 한다. 직원들이 진짜로 묻고 싶은 질문, 즉 "나는 무엇때문에 죽어라 일하는 거지? 돈 때문이 아니라면 뭔가 좋은일을 위해서일 거야"의 다양한 변형들이다. 이 질문에 "될 대로 되라지"라고 답하는 리더는 문제가 있다. 애매한 답을 듣는다면 직원들은 "저 사람도 모르는 거야?", "알면서도 우리에게 말하지 않는 건가?", "있기는 한가?"라고 의심할 것이다. 신경 쓰지 않는 것과 모르는 것 간의 차이는 중요하지 않다.

둘 다 똑같이 '될 대로 되라지' 마인드다. 직원들은 3가지 사실만을 알고 싶어 한다. "내 일이 무엇인가?", "어떻게 해야 하는가?", "나의 노력이 결과에 어떻게 기여하는가?" 이에 대한 답이 '될 대로 되라지'여서는 안 된다.

사프라는 내가 본 최고의 현직 CEO다. 그녀는 의사결정자였다. 그 자질이면 충분했다. 경영진이 모인 자리에서 그녀는 이렇게 말하곤 했다. "이 사안과 관련해 의견을 표명할 수 있는 사람들의 말을 전부 들어본 것 같군요. 우리는 앞으로 이렇게 할 겁니다."

구성원들은 그녀의 말에 귀 기울였다. 직원들이 동의하든 안 하든 사프라는 행동 방침을 설명했고 그들은 그 방침에 따랐다. 사프라는 "바람이 없으면 노를 저어야죠" 같은 진부한 말을 내뱉을 때도 있지만 결코 "될 대로 되라지"라고는 말하지 않는다. 그녀는 100% 이성적이진 않을지라도 그 결정을 바탕으로 앞으로 나아가는 일이 가만히 있는 편보다는 낫다고 생각한다. 전진은 아닐지라도 최소한 움직이는 것이다. 후퇴일지라도 그 경험에서 무언가를 배운다. 물론 너무 멀리 가기 전에 방향을 바꿔야 한다. 사프라는 결정하기 때문에 존중받는 리더로서 후한 연봉을 받는다.

겁쟁이나 소심한 리더와 일하는 것보다 최악은 없다. 비겁

함은 심지어 전염성이 있다. 겁쟁이와 일하면 우리도 비겁해질 수 있다. 소심한 리더가 넘친다면 머지않아 더 강력한 경쟁자가 나타날 것이고 해고가 감행될 것이다.

물론 리더도 실수를 저지른다. 하지만 그때에도 "될 대로 되라지"라는 말은 피해야 한다. 리더가 구성원, 약자, 세상사를 염려하지 않는다면 '될 대로 되라지' 마인드를 드러내는 것이다. 순진한 의도였든 잔인한 의도였든 중요하지 않다. "될 대로 되라지"라는 말은 리더가 저지른 실수를 악화시킬 뿐이다. 특히 해고 통보를 할 때 "될 대로 되라지"라고 말하는 사례가 넘쳐난다.

유명한 주택담보대출 기업이 수많은 직원을 해고해야 했을 때 CEO가 3분짜리 줌 회의로 이 소식을 전했다. 그는 "이 회의에 참석한 여러분은 안타깝게도 해고 대상입니다. 이제부터 여러분은 이곳에서 일할 수 없습니다. 지금 즉시 말이죠"라고 말했다. 이 말을 들은 직원들의 기분이 어땠을까? '될 대로 되라지' 식의 통보에는 지지나 공감의 말이 없었다. 해고 통지를 받은 직원들은 인터넷에 불편한 심경을 전했다. 그 파장으로 잠시 휴가를 떠난 CEO는 돌아오지 못했다.

리더는 자신이 맡은 역할의 중요성과 누리는 혜택을 잊지 말아야 한다. 리더의 행동은 경제와 우리의 삶에 파급효과를 미친다. 아무리 작은 선택일지라도 리더가 선택에 유의해야 하는 단순한 이유는 다음과 같다.

1. 파급효과. 리더의 선택은 파급효과가 있다. 리더가 하는 일(혹은 하지 않는 일)은 직원과 주주, 공동체, 연금, 유산, 가족에게 영향을 미칠 수 있다.

2. 영향. 리더는 생각 없이 던진 한마디나 생각 없이 지은 표정이 타인의 하루를 망치거나 기분 좋게 할 수 있음을 명심해야 한다. 리더는 남들과는 다르기에 리더답게 행동해야 한다. 모두가, 특히 리더라면 엇나간 행동을 낳을 수 있는 '될 대로 되라지' 마인드에서 멀어져야 한다.

'될 대로 되라지'는
쉽게 전염된다

소프트웨어 기업 CEO 래리는 천재이자 변덕스럽기로 소문난 사람이었다. 누군가의 결정이 마음에 들지 않으면 탄산음료 캔이나 의자를 직원들에게 집어던지기도 했다. 더 최악인 점은 정작 자신은 결정하지 않는다는 것이다. 래리는 다른 이들의 결정을 살펴보고는 최종적으로 아무런 결정도 하지 않았다. 직원들은 그의 우유부단함을 무례한 행동만큼이나 견디지 못했다.

무례한 사람을 의미하는 정의는 많다. 우리는 보자마자 그러한 사람을 알아챈다. 무례한 사람은 몸집을 부풀려 다른 이를 초라하게 만든다. 약자를 괴롭힌다. 당신 주위에도 그런 사람을 찾을 수 있을 것이다.

무례한 행동에 '어떻게든 되겠지'라고 대응해서는 안 된다. 그럴수록 무례한 행동을 부추길 뿐이다. 당신은 선택할 수 있다. 단, 모욕을 참는 편을 선택해서는 안 된다. 회사를 그만두고 다른 일자리를 찾는 방법이 있다. 그런 천박한 행동을 계속했다가는 아무도 그의 곁에 남지 않을 것임을 보여주는 것이다. 또 다른 선택으로는 조직에 남아 그 사람을 바꾸는 것이다. 쉽지 않겠지만 말이다.

경쟁이 치열한 상황에서는 정도를 넘은 행동을 눈감아주는 경향이 있다. 그래서인지 모욕적인 행동을 용인하는 사례는 지금도 일어나고 있고, 앞으로도 계속될 것이다. 영화 〈악마는 프라다를 입는다〉 신드롬처럼 그들과 일하고 싶게 만드는 정체모를 매력이 있을지도 모른다. 그렇다 해도 상사 때문에 출근길에 토한다면 그만둬야 할 때다. "조금만 더 버텨보자, 어떻게든 되겠지"라고 말하지 말자.

합의라는 방법의 허점

'합의'는 꽤 합리적인 선택법처럼 보이지만, 결정하는 가장 좋은 방법은 아니다. 합의는 오래 걸리는 데다 최종적으로 합의에 이른 결정이 모두가 원하는 방향과는 거리가 멀 수도 있다. 한마디로 '될 대로 되라지' 식의 결정이 나올 수 있다. 게

다가 이렇게 생각하는 사람도 있다. "나는 합의가 좋아. 최소한 모두가 다 함께 틀린 거잖아."

사회심리학자들은 형편없는 집단 의사결정이 이루어지는 이유를 설명할 때 '될 대로 되라지' 마인드에 주목한다. 모두가 "될 대로 되라지"라고 말한다면 무슨 일이 일어날까? 다들 그런 경험이 있을 것이다. "우리가 무엇을 원하지?"라는 질문에 "몰라, 알 게 뭐야"라고 답하면 대화는 제자리를 맴돌 수밖에 없다. 모두가 '될 대로 되라지' 마인드를 고수할 경우 아무도 원치 않는 의견에 모두가 동의하게 될 수 있다. 최악의 시나리오다. 모두가 좋지 않은 기분으로 왜 아무도 결정을 내리지 않았는지 의문을 품을 것이다. '애빌린의 역설'이라 부르는 현상이다. 모두가 자기는 원치 않지만 다른 사람들이 원할 거라 오해하며 이의를 제기하지 않거나 심지어 원치 않는 결과를 지지하기까지 하는 상황이다. 물론 의견 일치가 반드시 바람직하지는 않다. 오랜 시간이 걸리는 데다 모두가 의견 일치를 봐야 한다고 생각하거나 그룹 모두가 싫어하는 선택에 동의할 경우 골치 아픈 상황이 연출될 수 있다.

합의를 보는 과정에서도 모든 목소리가 같은 힘을 발휘하지는 않는다. 합의 과정이 처음부터 옳지 않은 방향으로 흘러간다면 조직은 아무도 원치 않는 일을 하기로 선택할지도 모른다.

합의는 오래 걸릴지도 모른다. 모든 선택을 살피고 모두의 의견을 들어야 하기 때문이다. 합의에 이르는 과정은 지루할 수 있다. 모두가 목소리를 내고 싶어 하기 때문이다. 회의 내내 졸기 바쁜 직원조차 자기 차례에는 눈을 반짝일 것이다. 리더가 합의에 도달하는 과정에 신경 쓰지 않으면 이 모든 노력은 시간 낭비일 뿐이다. 합의에 이를 시간이 충분하지 않다면 리더가 자신의 판단력으로 최선의 결정을 내리기를, "될 대로 되라지"라고 말하지 않기를 바라자.

사항이 크든 작든 리더라면 선택해야 한다. 정말로 효율적으로 일하는 리더라면 '될 대로 되라지'를 용납하지 않는 문화를 조성할 것이다. 확실한 선택을 하고 결정하는 이 같은 문화야말로 조직의 성공에 확실히 기여할 것이다.

보복으로 퍼져나간 '될 대로 되라지'

화물 노동조합 팀스터스와 일하면서 나는 "될 대로 되라지"라는 말이 사람들의 태도에 어떠한 영향을 미치는지 알게 되었다. 다음은 팀스터스 직원의 증언이다.

팀스터스는 대학을 갓 졸업한 이들을 관리직 인턴으로 채용한다. 대부분 전직 대학 미식축구 선수다. CEO는 사람을 다루려면 미식축구 선수 정도는 되어야 한다고 믿는 게 분명하다. 또한 이 연수생들이 훌륭한 매니저가 되려면 생산직 직원들과 시간을 보내야 한다고 생각하는 게 틀림없다. 문제는 나쁜 것만 배운다는 것이다. 그들이 배운 것은 다음과 같다. 자신보다 덩치가 작은 사람을 믿지 말고 누가 보스인지 사람들에게 확실히 알려줘야 한다.

이제 인턴들은 이래라저래라 지시하고 소리 지르고 욕을 퍼붓기 시작했다. 다른 직원들은 이 일을 오랫동안 해왔고 그들은 불과 2개월 전까지만 해도 대학 축제에서 맥주나 마신 주제에 말이다. 인턴들은 "생각하는 대가로 돈을 받는 게 아니야. 그냥 네 일이나 해" 같은 말을 내뱉기도 한다. 그러자 직원들은 이렇게 응수했다. "좋아. 더 빨리빨리, 대충 해드리지. 다신 이 트럭을 볼 일 없을 텐데 뭐. 될 대로 되라지."

물건들은 그저 복수심 때문에 와장창 부서졌다. 고객들이 다른 트럭 회사로 갈아타는 건 시간문제였다. 고객들이 떠나자 회사는 해고를 감행했고 조합은 길길이 날뛰었다. 하지만 CEO는 아무런 피해를 입지 않았다. 그는 두둑한 퇴직금을 챙길 것이다. 업무 시간이나 수당이 깎이는 사람은 직원일 것이다. 말이 되는가? CEO는 우리가 미식축구 선수 출신 관리자를 자르는 걸 고작 10분 지켜볼 뿐이었다. 그는 결정에 관여하지 않았다. 변화를 두려워하는 것이다.

직원들은 스테레오 장비가 실린 상자 위에 돌덩이를 얹으며 어깨를 으쓱한 채 "될 대로 되라지"라고 말했다. 업무 수행을 위한 결정을 할 수 없다면 굳이 뭐하러 신경 쓰겠는가? 왜 결정권을 빼앗아 일터의 활기를 앗아가는 '될 대로 되라지' 마인드를 부추기는가?

우리는 이따금 '될 대로 되라지' 조직에서 일하는 바람에 '될 대로 되라지' 식의 태도를 보인다. 그냥 방치하거나 직원들이 책임지지 않게 하는 기업이야말로 '될 대로 되라지' 조직이다. 제네핏이 대표적인 사례다. 한때 잘나가던 이 기업은 이같은 태도 때문에 위기를 맞았고 파산할 뻔했다.

설립 초기에 제네핏은 승승장구했다. 중소기업을 상대로 건강 보험, 급여를 비롯한 HR 관련 기능을 자동화하는 소프트웨어를 팔아 엄청난 수익을 달성했다. 유명한 실리콘밸리 투자자에게 투자를 받아 단기간에 5억 8,300만 달러의 수익을 냈고 2015년 시가총액은 40억 달러를 상회했다. 그러다가 일이 터졌다. 제네핏은 너무 많은 직원을 고용했고 너무 빠르게 성장했다. '될 대로 되라지' 경영 스타일에 따라 기업 문화는 통제 불능이 되었다. 직원들이 사무실에서 이른 아침에 맥주를 마신다는 얘기가 들려왔다.

"오전 회의 전에 맥주 한잔 마셔도 될까요?"라는 직원의 질문에 상사가 "그럼, 안 될 건 뭐야"라고 답한다고 생각해보라.

급속한 성장 속에 기업의 규칙은 느슨해졌고 의사결정은 해이해졌다. 동아리 모임이나 다름없었다. 이 조직의 문화에 관해 뉴스 보도가 나가자 CEO가 해고되었다. 새로운 CEO는 '될 대로 되라지' 마인드에서 벗어나 문제를 직시했다. 그는 사내 게시판에 공지를 올렸다. "담배꽁초, 맥주가 담긴 플라스틱 컵이 비상계단에서 발견되었습니다. 맞아요. 비상계단에서 흡연, 음주하거나 음식을 먹지 마세요." 그 후로 어떤 일이 벌어졌을지는 상상에 맡기겠다.

실리콘밸리에는 '될 대로 되라지' 마인드의 사례가 넘친다. 젊고 미숙한 리더는 "결과물만 훌륭하면 직원들이 뭘 하든 신경 안 써. 알 게 뭐야"라는 태도를 보이기 쉽다. 틀렸다. 어느 기업의 사명 선언서에도 "될 대로 되라지"라는 말은 없다. 직원들이 젊고 미숙할 때도 '될 대로 되라지' 분위기가 조성될 수 있다. 조직을 파멸로 이끄는 지름길이다.

선택을 미루는 리더와 결정권을 빼앗기는 걸 싫어하던 팀스터스, 이들의 사례에서 교훈을 얻을 수 있다. '될 대로 되라지' 식의 태도는 업무에 전혀 도움이 되지 않는다. 이 마인드를 물리치자. 더 이상 내뱉지 말자. 아예 생각조차 하지 말자.

아래 질문에 어깨를 으쓱하며 "될 대로 되라지"라고 답한다면 이제 결정을 내려야 할 시간이다. 빨리 선택할수록 조정도 빨리할 수 있다.

리더를 위한 될 대로 되라지 질문

- 오늘 하나의 일만 해야 할까, 50개를 해야 할까?
- 나를 돕지 않는 직원에게 얼마나 많은 시간을 할애해야 할까?
  (관리자를 무시해야 할까?)
- 이것이 우리의 최선일까? 아니면 더 해봐야 할까?
- 큰 문제부터 해결해야 할까, 작은 문제부터 처리해야 할까?
- 직원에게 주말에 일을 시켜야 할까?
- 사무실에 돌아가야 할까? 팀원들도 그래야 할까?
- 직원들과 얼마나 깊이 교류해야 할까?
- 직원들의 가치를 충분히 보상해주고 있나?
- 충분한 의사소통을 하고 있나?
- 직원들을 믿고 더 많이 위임해야 할까?
- 직원들에게 이따금 거짓말을 해도 괜찮을까?

일야 레브토브는 자신의 아이디어를 바탕으로 크래프트를 설립했다. 레브토브의 팀은 크래프트를 공급망 분야의 리더로 우뚝 세웠다. 이 기업은 투자자로부터 수백만 달러의 투자를 받았으며 단기간에 수많은 고객과 파트너를 구축했다. 다시 말해 그는 전 세계 공급망 문제를 해결하는 데 기여했다.

그는 말한다.

"저는 '될 대로 되라지'의 정반대를 선호합니다. 헤매고 추측하고 주저하는 대신 의도를 갖고 행해야 성공할 수 있죠. 크래프트는 초기 단계 기업입니다. 30명이 50명의 일을 하며 결과를 내는 데 집중하죠. 우리는 가치를 창출하거나 배웁니다. 가치가 창출되지 않거나 아무것도 배우지 못하면 다음 단계로 넘어가기 위해 빠르게 선택하죠. 우리는 주저하지 않습니다. 노력이 결과로 이어지지 않는데도 계속한다면 그거야말로 '될 대로 되라지' 마인드겠죠. 모호한 태도는 도움이 안 됩니다. 공급망 문제를 해결하려면 수십 가지 선택을 빠르게 해야 합니다. 결정마다 중요도가 다르기에 우선순위를 정해야 하죠. 그렇다 하더라도 이따금 결정 피로가 찾아옵니다. 하지만 게으름을 피울 순 없습니다."

그는 개인적인 삶에서도 주저없이 선택한다. 기회를 찾고 그 기회에 뛰어드는 인생을 산다.

"유일무이한 기회가 생길 때마다 저는 손을 들고 뛰어들었어요. 모든 선택이 제 인생을 바꿨죠. '될 대로 되라지'는 툭 던지는 말입니다. 저는 단 한 번도 그 말을 내뱉지 않았으며 들리더라도 관심도 주지 않았어요."

핸드폰을 결정 도구로 이용하기

결정의 크기와 관계없이 자료를 이용해야 훌륭한 결정을 내릴 수 있다. 기술이 당신을 도와줄 것이다. 리뷰를 살피고 지도를 보고 가격을 점검하고 역사를 확인해라. 다시 말해 검색하길 바란다. 효율적으로 일하는 리더는 결정할 때 이렇게 말할 것이다. "이해당사자의 말을 듣고 자료를 살폈습니다. 선택지를 꼼꼼히 살핀 뒤 이렇게 결정하려고 합니다." 구글이 우리에게 무엇을 해야 할지 알려주지는 않지만 검색을 통해 알게 된 정보는 우리가 결정을 내리는 데 도움이 된다.

지식이 부족하다고 "될 대로 되라지"라는 말을 변명처럼 뱉어서는 안 된다. 지식이 부족할 경우 추측하는 것도 방법이지만 여기에는 위험이 따른다. 연구 결과, 자료, 설문조사, 역사 등 수많은 도구를 사용할 수 있는데도 추측만 해서는 안 된다. 정보는 선택을 한결 쉽게 만들어준다. 결정하는 데 필요한 정보를 찾자. 정답은 우리의 주머니 안에 있을지도 모른다.

사회과학자들의 주장에 따르면, 사람들은 스스로 결정을 정의하는 방식 때문에 결정에 압도당하는 경향이 있다고 한다. 우리는 작은 선택으로 작은 성공을 맛봐야 한다. 기술의 도움을 받자.

기술은 당신이 훌륭한 결정을 하도록
도와줄 것이다.
정보를 찾고 도구를 활용하자.

6장

자신의 사업을
꿈꾸고 있다면

해내는 사람이 있고,
그걸 지켜보는 사람이 있고,
'그래서 어떻게 됐는데?'라고
묻는 사람이 있다.

—케이시 스텐겔

작은 결정은
빠르게 쌓인다

　　이제 당신은 성공과 "될 대로 되라지"는 어울리는 말이 아님을 확실히 알았다. 이 규칙은 성공하고 싶은 기업가에게도 예외가 아니다. 파이어플라이 벤처스의 파트너 필립 스타우퍼는 자신의 인생에 성공적인 커리어를 안겨준 비결을 '수백 가지 작은 결정'이라고 말했다. 영주권이 통과되어 스위스에서 미국으로 건너온 것이 시작이었다. 기업가와 일해본 사람이 그렇듯, 그는 기업가에게서만 찾아볼 수 있는 특별한 자질이 있다고 말한다.

　　"아이들이 지렁이를 찾아 계곡으로 향할 때 기업가는 물에 뛰어들어 돌멩이를 뒤집어 봅니다. 수백 개의 돌멩이를 뒤집어야 할지도 모르지만 지렁이를 찾을 때까지 결코 멈추지 않죠. 지렁이가 드디어 모습을 드러내면서 기업가는 승리합니다. 물가에서 어슬렁거리던 아이들도 뒤늦게 가보지만 이미 늦었습니다. 기업가는 일하는 자이지 다른 이를 감시하는 사람이 아닙니다. 기업가는 더 많이, 더 잘하기 위해 결정하는 사람입니다."

여기에서 중요한 것은 '하는 것'이다.

기업가는 결정을 바탕으로 행동에 나선다. 결정만으로는 충분하지 않다. 잘못된 결정을 한다면 다시 생각해보고 수정한 뒤 다음 결정으로 넘어간다. 벤처 투자자는 수많은 변수를 고려하지만 어쨌든 결정한다. "네, 투자하겠습니다", "아니요, 투자하지 않겠습니다. 행운을 빕니다" 둘 중 하나다. 일단 거래가 성사되면 뒤돌아보지 않는다. 잘못된 투자도 하지만 미련 갖지 않는다. 모호한 태도도 미온적인 자세도 '될 대로 되라지'도 없다. 약간의 후회가 있을지 모르지만 '이제 또 어디에 투자할지 찾아보자'라는 태도에 가깝다.

사업체를 설립하느라 한창 바쁜 기업가는 결정을 미루겠다는 생각을 절대로 하지 않는다. 기업가는 결정을 잘해야 성공한다. 그렇지 않다면 위험을 감수하지 않게 되며 자신의 역할을 계속할 수 없다. 그렇다고 그들의 결정이 늘 훌륭한 것은 아니다. 수백 명의 기업가와 일하면서 나는 그들이 저지르는 실수에서 특정한 패턴을 찾아냈는데, 모두 결정과 관련된 것이었다.

기업가를 위한 규칙 1
: 돈이 바닥나는 일이 없도록 한다

성공적인 기업가가 되는 방법은 아주 많다. 하지만 특정한 공식은 없다. 만약 공식이 있다면 세상 모든 기업가가 성공했을 것이다. 하지만 슬프게도 많은 기업가가 실패한다. 원인은 보통 좋지 않은 시기, 시장 변화나 직원 이직 등이다. 이 모든 요인이 사업 제안 거절로 이어지지만 이 밖에도 실패를 부르는 미묘한 상황이 있다.

기업가를 상대로 코칭할 때 내가 사용하는 표어가 있다. "절대로 돈이 마르지 않게 하라." 이 단순한 조언은 당연한 얘기처럼 들리지만 이 조언을 무시하다가 돌이킬 수 없는 순간을 맞이하는 경우가 의외로 많다. 이 조언을 무시하는 기업가는 대개 큰 결정만 중요하다고 생각해 작은 결정에는 주의를 기울이지 않는다. 혹은 나쁜 결정을 내렸을 때 복구 방안이 마련되어 있지 않다.

특히 신생 기업이라면 회사의 모든 모니터에 '돈이 마르지 않게 하라'라는 문구를 붙여두어야 한다. 일단 자금이 바닥나지 않게 하겠다고 결심하면, 별로 내키지 않아도 자금 조달과 원활한 현금 순환을 위해 경비를 삭감하거나 누군가를 해고해야 할 수도 있다. 어떠한 경우든 기업가는 결정을 하고 필요한 조치를 해야 한다.

기업가를 위한 규칙 2
: 빠르고 합리적으로 결정한다

빠르고 합리적인 결정 능력이 성공하는 기업가의 일등 자질이다. 결정하고 실행하고 조정하고 반복하라. 매일 효율적으로 일하려면 이 과정을 반복해야 한다. 제품, 재정 상태, 사람, 사무 공간, 시장, 티셔츠 로고 등 무엇이든 상관없다. 기업가라면 결정해야 하며 그 결과 무슨 일이든 일어나야 한다. 기업가에게 결정은 시작이며 결정을 시행하는 일이 끝이다. 기업가가 해야 하는 최소한의 일이다.

아무리 작은 사항이라도 형편없는 결정을 내렸다면 이를 바로잡아야 한다. 그대로 방치했다간 '될 대로 되라지'라는 마음으로 한 작은 결정 때문에 아차 하게 되는 상황에 자신도 모르게 처하게 된다. 리더는 '별거 아니네'라는 생각으로 작은 결정을 할 수 있다. 작은 결정이 모이고 모여 처참한 결과를 낳은 아래 예시는 가상이지만 현실에서도 충분히 일어날 수 있다.

바버라는 화이트스페이스 뱅크(가상의 회사다. 동명 기업이 있더라도 의도하지 않았음을 밝힌다)를 설립했다. 중소기업이 미수금을 현금화하도록 돕는 은행이었다. 그녀가 이끄는 팀은 관련 기술을 개발했고 투자자는 600만 달러를 투자했다. 문제는 자금을 확보하고 난 후 발생했다. 화이트스페이스의 임원진은 지출과 관련해 수백 가지 작은 결정을 하기 시작했다. "안 돼"라는 대답은 드물었다. 아무리 작은 항목일지라도 지출과 관련된 결정은 십중팔구 "그래, 좋아, 좋아 보이네"였다. 가상현실 헤드폰(최신 기술을 이용해야지!), 반려견을 위한 자동 음수기(목마르면 안 되지!), 모두를 위한 입식 책상(오래 앉아 있는 건 흡연만큼이나 해로워) 등이 새로운 구입 목록에 올랐다. 큰 지출처럼 보이지 않았고, "그래, 좋아"는 한동안 계속되었다.

지출 목록에는 온갖 콘퍼런스의 참가비도 있었다. 콘퍼런스는 대부분 라스베이거스에서 열렸으며 팀 전체가 갔다. 항공권, 호텔, 식사 등이 지출에 포함되었으며 직원들은 "회사 이미지가 나빠지면 안 되지"라며 팁도 넉넉하게 주었다. 아직 수익을 내지는 못하지만 600만 달러라는 투자금이 있지 않은가. 하지만 자금은 오래 가시 않았다.

그들은 중간 규모의 지출도 꼼꼼히 살피지 않았다. 직원 채용은 결코 사소한 비용이 아니지만 그것조차 대충대충 결정되었다. 심지어 기본적인 질문조차 오가지 않았다.

"중간급 매니저가 필요합니다. 이제 막 대학을 졸업한 사람으로요. 그다지 높지 않은 연봉으로도 구할 수 있습니다."

"좋아요, 연봉에 대힌 시장 데이터가 있는지만 확인해주세요."

이 상황이 한동안 이어졌다. 매출은 여전히 처참한 수준이었고, 투자금 600만 달러는 양동이에 난 구멍으로 물이 새듯 서서히 사라졌다. 사소해 보이는 선택에 주의를 기울이지 않은 결과 기업은 파산하고 말았다.

기업가를 위한 규칙 3
: 일하고 있다는 허황된 생각에서 벗어난다

"내가 얼마나 바쁜지 말할 수 없을 만큼 바쁘다." 한 CEO는 어떻게 지내냐는 나의 질문에 이렇게 답했다. 기업가는 물론 바쁘다. 하지만 늘 바쁘다고 투정하는 사람에게 묻고 싶다. 어떻게 바쁜데? 바쁘게 지내기는 쉽다. 투자 회의, 직원 회의, 임직원 회의, 헤드헌터와의 커피 타임, 업무 수행평가, 일대일 면담, PR 에이전시와의 술자리 등 만날 사람은 넘친다. 농담을 즐기는 사람들은 "게다가 점심도 먹어야지"라고 말하겠지만 꽉 찬 일정표는 농담거리가 아니다.

정말로 중요한 건 '그래서 어떠한 성과를 냈는지'다. 활동은 건설적인 발전을 가져와야 한다. 중요한 것은 결과다. 발전을 가져오거나 결과를 낳는 활동이 중요하다. 기업가의 시간을 잡아먹는 온갖 활동은 빠른 시일 내 성과를 낳는지를 기준으로 평가해야 한다. 그렇다고 모든 활동이 수입이나 판매, 자금 마련을 위한 것일 필요는 없다. 소위 '소프트한 활동' 역시 기업가의 성공에 반드시 필요하다. 기업가의 소프트한 면이 성공 비결이라고 말하는 사람도 있다. 타인에게 말을 건네고 그들의 말에 귀 기울이는 행동이야말로 대표적인 소프트한 활동이다.

성공하려면 시간을 낭비하지 않도록 의식적인 결정을 해야 한다. 매주 또는 매달 말에 자기 평가를 하자. 그 기간 동안 아무것도 달성하지 못했다면 시간 관련 결정을 어떻게 내렸는지 점검하고 일정표를 쭉 훑어본 뒤 조치를 취해야 한다.

기업가를 위한 규칙 4
: 지금 일할 수 있다는 조건은 역량이 아니다

성공적인 기업을 일구려면 구성원의 역할을 만들고 적합한 인력으로 이 역할을 채우는 것이 핵심이다. 규모가 작거나 설립 초기 단계에 있는 조직에서는 구성원 하나하나가 중요하다. 조직 문화에 맞지 않거나 필요한 역량을 갖추지 않은 사람을 채용할 여유는 없다. 공학 기술 학위가 필요하다면 아무리 똑똑한 회계사도 그 자리를 대신할 순 없다. 그럭저럭 괜찮지만 뛰어나지는 않은 사람을 뽑다간 채용 절차가 물렁해질 수 있다. "이 사람은 우리에게 필요한 코딩 기술은 없지만 좋은 학교를 나왔으니 가르치면 돼" 같은 말은 팀원 모두가 일당백을 수행해야 하는 상황에서 회사를 위태롭게 만들 수 있다. 이렇게 적당한 수준에 타협할 경우 '될 대로 되라지'의 길로 들어서기 십상이다. 특별 보좌관 자리를 친척이나 이웃 혹은 건너 건너의 지인으로 채우기 전에 다시 생각하자. 형편없는 채용 결정으로 실패를 경험한다면 그 실패에서의 핵심 단어는 '결정'이다. 조직 전체와 누군가의 커리어가 피해 보는 결정이다. 기업가는 올바른 채용 결정을 내려야 한다. 지금 일할 수 있다는 사실은 중요하지 않다. 확실한 사람을 뽑자.

기업가를 위한 규칙 5
: 위험을 계획의 일부로 받아들인다

위험 감수의 다른 이름은 결정이다. 마크 저커버그는 이렇게 말했다. "가장 큰 위험은 아무 위험도 감수하지 않으려는 것이다. 급변하는 세상에서 실패를 보장하는 유일한 전략이 바로 이것이다." 위험은 기업가의 DNA에 새겨져 있으며 성공적인 기업가는 위험 앞에 주저하지 않는다.

여기서 흔히 하는 착각이 있다. 대부분의 위험은 기업의 미래를 좌우하는 일과는 거리가 멀다. 대부분의 위험은 조직을 이루는 작은 선택에 관한 것이다.

가령 임대료가 저렴한 위험한 동네에 기업을 세울지 고민이라고 해보자. 이 경우 비용을 줄이고 직원을 충원할 수 있다. 기업가가 훌륭한 직원을 원한다면 충분히 시도해볼 가치가 있는 위험이다.

정치적 입장이 다르고 시차가 있는 나라의 기업에 외주를 주어야 하는 문제를 생각해볼 수도 있다. 비용을 절감하기 위해 그만한 위험을 감수할 가치가 있을까?

기업가는 위험을 감수할 만한 가치가 있다는 말에 거의 항상 설득된다. 문제가 생기면 시정하면 되기 때문이다. 위험과 그에 따른 보상을 고려하겠지만 '일어날 수 있는 최악의 상황은 무엇인가?'라는 생각을 바탕으로 크고 작은 선택을 할 확률이 높다.

지금껏 살펴본 규칙에는 두 가지 공통점이 있다. 기업가는 보통 낙관적이어서, 열심히 일하고 운만 조금 따라준다면 성공은 따놓은 당상이라고 믿는다는 점이다. 이런 낙관주의가 없다면 힘들 때마다 '굳이 뭘 하려?' 같은 생각을 할 수 있다. 기업가는 피할 수 없는 상황을 받아들이거나 현실에 안주하는 대신 열정과 낙관주의를 연료 삼아 앞으로 나아간다. 연료 안에는 선택하려는 의지가 있다. 물론 쉽지 않은 선택도 있다.

또 다른 공통점은 기업가는 힘든 상황을 즐긴다는 사실이다. 기업가는 "한 번도 시도한 적 없는 건데", "이건 안 될 것 같은데", "할 수 없습니다" 같은 말을 도전으로 받아들인다. 상대가 틀렸음을 증명하기 위해 결정하고 선택한다. 위험을 감수하려는 의지, 위험한 결정을 하려는 의지는 특히 재정적인 보상을 안겨줄 수 있다.

  킹슬리 에이킨스는 이야기를 통해 리더십을 전하는 리더다. 그는 아일랜드인으로 전 세계를 돌아다니며 자국의 자랑스러운 경제와 문화 발전을 전한다.

  또한 그는 네트워킹 지지자다. 그는 필요할 때만 네트워킹하며 네트워킹을 선택이라고 생각하는 대신 우리가 끊임없이 네트워크를 구축해야 한다고 말한다. 성공적인 네트워킹의 핵심은 행동이나 태도에서 작은 변화를 수없이 시도하는 것이다. 네트워크 구축에는 의지가 필요하며 이는 작은 변화에서부터 시작될 수 있다.

  "변화를 추구할 때 대부분은 작은 변화는 중요하지 않다고 생각합니다. 크고 거대한 변화를 원하는데 굳이 왜 작은 변화를 시도하느냐는 거죠. 그런 마음가짐을 바꿔야 해요. 작은 변화를 시도하겠다고 선택해야 합니다. 작은 변화가 우리를 큰 영향의 길로 안내할 테니까요. 작은 변화는 한숨을 내쉬며 '될 대로 되라지'라고 할 염려도 적고요."

  킹슬리는 행복하고 생산적인 삶을 살려면 튼튼한 네트워크가 필수라고 생각한다. 하지만 가만히 있는데 네트워크가 형성되겠는가? 물론 유기적인 네트워크는 거의 자동으로 형성된다. 가족, 동창, 이웃, 어린 시절 친구 등이다. 하지만 이것으로는 충분하지 않다. 우리는 다른 네트워크도 구축해야 한다. 이를 위해서는 노력이 필요하며 편안한 영역 밖으로 나와야 한다. 이 네트워크를 구축하려면 낯선 이에게 말을 걸고 아는 사람이 없는 곳에 찾아가야 한다. 네트워크를 구축하려면 관계를 발전시켜야 하는데 이는 작게 시작할 수 있다. 큰 결과를 얻으려면 우선 다른 사람들을 꾸준히 찾아가야 한다.

"작지만 점진적인 행동이 쌓여 네트워크가 형성됩니다. 대부분의 사람이 엄청난 성공에는 엄청난 행동이 필요하다고 생각하지요. 세상이 깜짝 놀랄 만큼 변화해야 한다며 자신에게 엄청난 압박을 가합니다. 작은 변화부터 시도하세요. 기회는 다른 사람들에게서 옵니다. 네트워크가 잘되어 있을수록 더 많은 기회를 얻게 됩니다. 제 말을 믿으세요."

잘못된 의사결정을 막는 법

　　　　　　　　'될 대로 되라지' 마인드는 성
공적인 투자도 재앙적인 투자도 가져오지 않는다. 좋은 일이
건 나쁜 일이건 아무 일도 일어나지 않는다.

　성사되지 않은 온갖 투자를 살펴보는 데 벤처캐피털만큼
흥미로운 분야는 없다. 잘나가는 이들조차 자신이 하지 않은
행동이나 위험을 후회한다. 투자하지 않겠다고 결정하는 바
람에 기회를 놓친 것이다. 전설적인 거래 불발의 사례를 몇 가
지 살펴보자.

베서머 벤처 파트너, 구글에 투자할 기회를 놓치다

베서머는 실리콘밸리의 전설적인 기업으로 그 뿌리가 자그
마치 1911년 카네기 철강으로 거슬러 올라간다. 베서머의 파
트너가 구글 창립자인 세르게이 브린과 래리 페이지를 만날

기회가 있었다. 구글 창립 첫해, 그들이 여전히 창고에서 일하던 시절이었다. 브린은 스탠퍼드대학교에 다니며 검색 엔진을 개발하고 있었다. 세상에는 이미 수많은 검색 엔진이 있었기에 베서머는 그들과의 회의에 굳이 참석하지 않았다. 구글을 창립한 두 사람은 소규모 투자처를 찾고 있었다. 베서머는 이 기업에 투자하지 않았다.

베서머는 자신들이 놓친 온갖 기회를 실토했다. 베서머에서는 이를 실패 포트폴리오라 부른다. 그들이 놓친 또 다른 투자 대상은 애플이다. 누군가 "도대체 누가 집에 컴퓨터를 두고 싶어 하겠어, 알 게 뭐야"라고 말하지 않았을까?

▌유니언 스퀘어 벤처, 에어비앤비에 투자할 기회를 놓치다

에어비앤비는 샌프란시스코의 숙소난을 해결하고자 시작된 기업이다. 2007년, 룸메이트 사이인 브라이언 체스키와 조 게비아는 거실에 에어 매트리스를 놓고 그곳을 민박집처럼 만들면 카우치서핑보다는 낫지 않을까 생각했다. 그래서 그들은 숙박 시설을 찾지 못한 사람에게 단기 숙소를 제공하는 단순한 웹사이트를 만들었다. 에어베드앤브랙퍼스트닷컴 (Airbedandbreakfast.com)이었다.

에어비앤비가 남는 방에 매트리스 하나 깔아놓고 방을 빌려주는 시장에 불과했던 시절, 유니언 스퀘어 벤처스의 파트너가 에어비앤비 창립자를 만났다. 그는 에어비앤비에 투자하지 않기로 한 결정에 대해 훗날 이렇게 말했다. "거실 바닥에 매트리스를 깔아둔 서비스가 호텔을 대신할 거라곤 상상도 못했습니다. 그래야 했을지 모르겠네요." 유니언 스퀘어의 어떤 임원이 "말도 안 돼, 알 게 뭐야"라고 하지 않았을까.

멘로 벤처스, 페이스북에 투자할 기회를 놓치다

냅스터의 창립자 숀 파커와 멘로 벤처스의 파트너 벤스키 가네산은 절친했다. 숀 파커는 벤스키에게 페이스북이 그리 유명하지 않던 시절 투자 기회를 주었다. 페이스북 초창기엔 대학교 이메일 계정이 없으면 접속할 수도 없었다. 벤스키는 당시에 이렇게 답했다. "글쎄요, 하버드를 중퇴한 대학생이 만든… 대학생을 겨냥한 웹사이트라, 그런 데서 수익이 나오겠어요?"

구글 벤처스, 핀터레스트에 투자할 기회를 놓치다

2009년, 구글 벤처스의 파트너 케빈 로즈는 핀터레스트에 투자할 기회를 얻었다. 그가 CEO 벤 실버맨을 만났을 때 핀터레스트는 이미 고공 성장 중이었다. 실버맨이 500만 달러를 제안하자 로즈는 "500만 달러라고? 그건 너무 많소!"라며 제안을 거절했다.

이처럼 세계 정상급 투자자들이 하나같이 제안을 거절했다. 벤처 투자자는 여러 이유로 투자를 포기한다. 소속 투자자가 전부 바빠서 혹은 '드라이 파우더(사모 펀드나 벤처 캐피털 펀드 투자 약정액 중 아직 투자를 집행하지 않은 자금—옮긴이)'가 없다는 이유로, 창립자가 마음에 들지 않아서, 거절하는 편이 쉬워서 등 이유는 넘친다. 벤처 투자자에게 거절한 제안은 중요하지 않다. 새로운 거래를 찾아 나설 뿐이다.

위 사례에서 눈여겨봐야 할 점은, 핀터레스트가 거절당한 뒤에도 결국 성공적인 기업을 일궜다는 사실이다. 결정하고 시행하고 조정하고 반복한 결과다.

패턴 인지로 '될 대로 되라지' 식 결정을 막는다

결정 앞에 주저하지 않은 기업가의 전형으로 스티브 잡스가 있다. 그는 힘든 결정을 내리는 사람으로 유명하지만 대량의 자료나 분석에 의존하지 않았다. 그는 직관을 이용했다.

〈뉴욕 타임스〉에 실린 스티브 잡스의 부고 기사에서 이 사실이 더욱 두드러진다. 잡스는 포커스 그룹이 아니라 직접 알아본 정보와 직관에 의존했다. 아이패드를 만들기 위해 어떤 시장 조사를 했느냐는 질문에 스티브 잡스는 이렇게 대답했다. "그런 건 없다. 소비자는 자신이 무엇을 원하는지 모른다."

스티브 잡스도 훌륭한 제품을 상상하고 창조하는 직감을 타고나지는 않았다. 그는 연습과 경험을 통해 직관을 갈고닦았다. 온갖 요소를 끊임없이 생각하고 살펴보고 연습하고 분석하는 과정을 통해 직관을 키웠다. 그는 디자인, 사용성, 품질, 브랜딩을 수년간 연구하면서 기술 전략, 소비자 행동, 브랜딩 전문가가 되었다. 그의 직관은 남들이 보지 못하는 패턴을 찾는 능력에 가깝다. 그는 패턴을 파악한 뒤 자신이 알고 있는 패턴에 새로운 패턴을 본능적으로 연결했다. 잡스는 필요할 때 직관을 이용해 무언가를 '알게' 되었다. 그리하여 빠르고 본능적으로 결정할 수 있었다. 그가 했던 노력이 직관을 키웠고 직관은 애플의 성공에 크게 기여했다.

스티브 잡스의 경우처럼 직감에 따라 빠르게 결정하는 능력은 패턴을 인지하는 역량에 가깝다. 이 역량을 갖거나 갖지 않거나로 판가름 나는 능력이 아니다. 꾸준하고 방대한 연습으로 얻게 되는 기술이다. 무엇이 효과가 있는지 무엇이 효과가 없는지, 어디에서 효과가 있고 어디에서는 효과가 없는지 알아야 한다. 가장 중요한 건 '이유'다.

레이 로스록은 굉장히 성공적인 투자자이자 벤처 캐피털계

전설이다. 그는 전 내셔널 벤처 캐피털 협회 의장으로 패턴 인지를 바탕으로 투자를 결정한다고 처음 시인한 사람이다. 그는 더 나은 결정을 위한 가장 좋은 방법은 과거에 한 결정이 어떤 결과를 가져왔는지 살피면서 교훈을 얻는 것이라고 말한다. 다시 말해 전에 이루어진 투자 결과를 바탕으로, 관리팀이 좋아 보이고 아이디어가 훌륭하며 시장도 크다면 1000만 달러를 투자한다. 반대로 경험에 따라 팀원이 형편없고 제품도 별로면 투자하지 않는다.

'될 대로 되라지' 마인드를 무찌르는 일에 관해서라면 모두 자신만의 패턴 인지 관점이 있다. 우리도 "지난번에 해봐서 알아. 그때 결과가 어땠더라?"라고 말하지 않는가? '될 대로 되라지'라는 태도로 임한다면 패턴 인지는커녕 알 수 없는 결과만 얻게 될 것이다.

직관은 남들이 보지 못하는 패턴을 찾는 당신만의 능력이다.
결정의 순간에 직관이 하는 말을 외면하지 말자.

7장

자신을 행복하게 하는
선택을 하라

내가 내리는 결정은
전부 인생 최대의 결정이다.

—카멜로 앤서니

회사에서 집까지 쫓아오는
'될 대로 되라지'

           나의 부모님은 친구와 가족을 모두 초대해 성대한 금혼식을 치렀다. 모두가 부모님이 그토록 오래 결혼 생활을 유지한 비법을 알고 싶어 했다. 어머니는 늘 그렇듯 빛나는 모습으로 자리에서 일어나 모두에게 감사를 전했다. 어머니는 가족, 특히 아버지에 대한 사랑을 가득 담아 말했다. "우리는 언제나 서로를 응원했죠. 단 한 번도 싸우지 않고 매일 밤 서로에게 굿나잇 키스를 했어요. 이 사람은 지금도 저를 행복하게 해준답니다." 모두가 어머니의 말에 감동했고 우리 아버지야말로 진정한 승자라고 생각했다.

  자신의 차례가 되자 아버지는 교사마냥 사람들을 자신의 팔 아래 모이게 했다. 그리고 이렇게 말했다. "나한테 무슨 얘기를 듣고 싶어 하는지 알아요. 여러분은 '행복한 결혼 생활을 오래 유지한 비법이 뭐지?' 하고 생각하고 있을 거예요. 비밀이지만 여러분에게만 말해주죠. 결혼했을 때 루이스와 나는 지극히 단순한 약속을 하나 했어요. 큰 결정은 내가 하고 소소한 결정은 루이스가 하기로요. 50년이 지난 지금까지도 유지하고 있답니다."

어머니가 더 이성적이고 분석적이기 때문에 가끔은 어머니가 큰 결정을 할 때도 있었다. 아버지는 어머니가 의견을 말하고 자신이 동의하는 편이 더 낫다는 사실을 알았다. '될 대로 되라지'가 아니라 현명하게 행동하는 거였다.

'될 대로 되라지'는 일터에서 집까지 우리를 쫓아올 수 있다. 일터에서와 마찬가지로 가정이나 인간관계에 관한 결정은 사소한 것이다. 하지만 반드시 해야만 한다. 직장에서의 작은 결정은 우리의 커리어에 영향을 미치고 직장 밖에서의 작은 결정은 우리의 관계, 환경, 가족, 재정 등 삶의 모든 부분에 영향을 미친다. 어디까지가 일인지 어디까지가 일터인지 파악하는 과정에서는 사소한 선택이 더욱 중요해진다. 직장에서 장착했던 태도와 언어가 가정에도 고스란히 적용된다. 반대로 우리는 집에서 보이는 모습을 직장에서 보이기도 한다. 어디에서든 '될 대로 되라지' 마인드는 좋지 않다. '될 대로 되라지'는 직장에서 문제를 일으키듯 우리의 관계, 건강, 성공에 영향을 미친다. 해결책은? 좋은 결정을 하는 것이다.

'될 대로 되라지'를 거부하지 않으면

내 고등학교 친구는 앤디는 어린 나이에 '될 대로 되라지' 마인드를 몸소 체험했다. 그는 돈을 벌기 위해 인근 맥도날드에서 일했다. 가정의 경제 상황이 좋지 않았기에 돈이 필요했다. 하교 후와 주말에도 짬날 때마다 일했는데 고등학생이 감당하기엔 벅찬 일정이었다. 그가 말하길 사람들은 드라이브스루 창에서 멀리 떨어져 있는데도 차창 밖으로 온갖 쓰레기를 던진다고 했다. "누군가 치우겠지, 알 게 뭐야"라는 식이었다. 그 누군가는 내 친구였고 앤디는 사람들의 그러한 태도가 마음에 들지 않았다. 수십 년이 지난 오늘날까지도 앤디는 책임감 없는 사람들과 '될 대로 되라지' 마인드에 치를 떤다.

운전하다 보면 표지판에 '쓰레기를 버리지 마시오'라고 쓰여 있음에도 도로 옆에 더러운 소파와 쓰레기가 잔뜩 쌓여 있는 것을 보곤 한다. 쉽게 상상할 수 있는 장면이다. 누군가, 아마도 어떤 남자가 한밤중에 픽업트럭을 몰고 가서는 경고문구를 무시한 채 페인트 통, 매트리스, 마당에서 나온 쓰레기 따위를 쏟아부었을 것이다. 그러고는 "알 게 뭐야, 나는 세금을 냈다고, 누군가 처리하겠지"라고 말했을 것이다. 이런 행동은 위험한 흉물을 낳을 것이며 선한 사마리아인이나 환경미화원이 결국 이 흉물을 처리해야 한다.

이처럼 '될 대로 되라지'는 그 누구도 원치 않는 수많은 회색지대를 낳을 수 있다. 이를테면 다음과 같은 것들이다.

약자에 대한 태도

인종차별, 우리가 타인을 대하는 방식이나 부적절한 행동과 관련된 '될 대로 되라지' 사례를 언급해야만 하는 현실이 나는 못마땅하다. 보통 이런 식으로 시작된다. "이 농담이 부적절하단 걸 알지만 재밌잖아. 무슨 상관이야" 아무런 거부 의사 없이 그 농담을 듣고 있는 것도 '될 대로 되라지' 마인드다. 사람들은 인종차별주의나 여성혐오, 무례한 상대를 간파한다. 좋든 싫든 간에 우리는 차별에 반응한다. 태어난 장소와 자란 환경 등 수많은 요소를 바탕으로 사람들은 다양한 상대와 행동에 각기 다르게 반응한다. 자신이 품고 있을지도 모르는 편견을 인지하며 '될 대로 되라지'라고 말하지 않는 것이 중요하다.

약자를 향해 "알 게 뭐야"라는 말을 날린다면 상대를 괴롭히는 것처럼 보일 수 있다. 이러한 부정적인 이미지는 결코 사라지지 않는다. 사람들은 알아챈다. 우리는 타인을 위한 세심함과 공감력을 길러야 한다. '될 대로 되라지'를 남발하는 대책 없는 사람보다는 모두를 포용하는 온정적인 사람으로 알려지는 것이 좋지 않겠는가?

사소한 일탈

불과 얼마 전까지만 해도 이혼이나 음주 운전 체포 기록 따위로 한 사람의 커리어가 무너지는 일이 일어나곤 했다. 좋든 싫든 기준이 바뀌었다. 이제는 사회적 물의를 일으키고도 무사히 살아남은 리더들이 넘쳐난다. "저들도 멀쩡한데 나라고 뭐 다르겠어, 알 게 뭐야"라고 내뱉기 쉬운 시대다. 하지만 인생은 그런 식으로 흘러가지 않는다.

타인을 단죄하는 편협한 기준이 변화한 덕에 많은 이에게 긍정적인 변화를 가져왔고, 부당한 대우를 받은 이들의 권리를 지키는 길을 열어주었다. 이런 점에서 기준이 변했다는 건 긍정적이다. 그러나 정말 중요한 것은 실제로 또는 상상 속에서 어떤 행동을 했느냐다.

기록은 영원히 남는다. 라스베이거스에서 일어난 일은 라스베이거스 내에서 끝나지 않는다. 우리가 저지른 온갖 행동과 죄는 훗날 검열의 대상이 된다. 누군가는 고등학교 때 기숙사에서 엄청나게 많은 맥주를 들이켰을지도 모른다. 혹은 회사 점심 시간에 몰래 소주를 마셨을지도 모른다. 어떠한 일이 일어났든 희생자, 목격자, 최악의 경우 사진이 있다면 그 사람은 언젠가 곤경에 처할 수 있다. 최고의 해결책은 "알 게 뭐야"라고 말하는 게 아니라 애초에 미친 짓을 저지르지 않는 것이다. 너무 늦었다면 기도를 하고 대법원 임관 따위는 잊자. 졸업앨범은 태워버리는 편이 나을지도 모른다.

'될 대로 되라지' 마인드는 개인의 삶에, 특히 건강에 지속적인 영향을 미칠 수 있다. '될 대로 되라지'는 체념, 포기의 증상이다. 건강을 바라는 바람직한 자세가 아니다. 죽어도 이 말을 하지 않는 대표적인 인물로 배우이자 활동가인 마이클 J. 폭스가 있다. 1991년 파킨슨병을 진단받은 그는 희생자 대신 활동가가 되기로 했다. 질병이나 상실 앞에서 모두가 어떻게 살 것인지 선택할 수 있다. 운명에 맡길 수도 있지만 싸움을 이어나갈 수도 있다. 가장 힘든 선택이다.

마이클은 마이클 J. 폭스 재단을 설립했고 파킨슨병 치료법을 찾기 위한 연구에 10억 달러 이상을 기부했다. 파킨슨병은 온갖 방식으로 그의 심신을 약화시켰지만 마이클은 "될 대로 되라지"라는 말로 삶의 끈을 놓지 않았다. 그는 병과 싸우기로 결정하고 행동했다.

엔진 점검

'될 대로 되라지' 식으로 행동하게 되는 평범한 상황은 어떨까? 현실에서 "될 대로 되라지"라고 말하는 상황을 생각해보자. 차량 경고등은 자주 깜빡인다. '유리 워셔액 점검'이라면 가볍게 넘어가겠지만 운전하는 동안 엔진 점검등이 깜빡인다면? 당신이라면 어떻게 하겠는가? 차를 세운 뒤 기름이 새지 않았나 살펴보겠는가? 계속해서 차를 몰면서 차량 수리 예약을 잡겠는가? 경고등과 라디오가 연결되어 있기를 바라며 라디오 볼륨을 높이겠는가? 당신이 나와 같다면 계속 차를 몰면서 경고등이 꺼지기를, 아무런 문제가 없길 기도할 것이다. 계속 차를 몰겠다는 선택에는 어느 정도의 위험과 '될 대로 되라지' 마인드가 뒤섞여 있다. 우리는 어깨를 으쓱한 채 차를 몰며 나중에 결정하겠다고 선택한다. (엔진 점검 딜레마는 결국 차가 터질 때 혹은 차량 점검을 하러 갈 때 해결될 것이다. 후자가 더 나은 선택이다.)

"될 대로 되라지"라고 말하거나 이 같은 메시지를 전하는 모호한 행동을 하는 건 결정하지 않는 것과 같다.

'될 대로 되라지' 정원

나는 정원 가꾸기를 좋아한다. 나무를 심든, 익은 토마토를 따든 순수한 만족감이 있다. 하루 종일 컴퓨터 앞에 앉아 있다가 정원에 나가면 카타르시스를 느끼고 스트레스가 해소된다. 그러나 평생 정원을 가꾸려고 노력했음에도 내가 수확한 과일이나 꽃은 결과가 형편없었다. 나의 보살핌에도 식물은 시들했고 꽃도 별로 피지 않았다. 열매는 늘 늦게 열리거나 상태가 별로 안 좋았다. 나는 기분 내킬 때만 정원을 돌봤고 그에 상응하는 결과를 받았다. 내가 실망한 이유는 스스로 '될 대로 되라지' 정원을 만들었기 때문이었다. 내 마음대로 하면서 "어떻게든 되겠지"라고 말하고 있었다. 진짜 조경전문가이자 정원사를 부른 날 나는 문제를 깨달았다.

우리가 고용한 조경전문가는 선택을 했다. 공간을 실측하고 인근 나무가 미치는 영향을 살피고 물 공급과 흙의 질을 비롯해 식물의 수명에 영향을 미칠 수 있는 온갖 변수를 측정했다. 그는 침술을 놓듯 각기 다른 색의 깃발을 토양에 꽂아 식물의 위치를 표시했다. 내가 '될 대로 되라지' 정원에 심은 4개의 식물 자리에 그는 40개의 식물이 들어갈 자리를 표시했다. 정원은 1년 내내 번성하는 아름다운 공간으로 탈바꿈했다. 그는 경험, 환경, 관찰을 바탕으로 결정을 내렸다. 그의 방법은 우리가 '될 대로 되라지'를 더 나은 방식으로 바꿀 수 있음을 보여주는 소중한 교훈이다.

불확실한 상황에 대비하기

캘리포니아 북부에 위치한 타호 호수는 겨울 스포츠의 천국이다. 날씨만 잘 받쳐준다면 그 지역의 눈은 5m도 넘게 쌓인다. 그 정도 눈이라면 스키와 스노보드를 즐기는 사람들을 흥분시키기 충분하다. 눈이 많이 오는 주말이면 샌프란시스코만 지역에 거주하는 수천 명이 이곳을 찾는다. 문제는 모두가 동시에 그곳에 오고 가기를 바라지만 이용할 수 있는 길이

2개밖에 없다는 점이다. 게다가 사람들이 그곳에 가고 싶어하는 이유인 눈이야말로 도로를 위험하게 만들며 교통 체증을 유발한다. 짜증 나는 45분 정체 수준이 아니다. 교통 체증이 6시간 내내 이어지기도 한다. 주요 고속도로에서 차 안에 갇혀 있는데 아이들은 투덜대고 화장실은 전혀 보이지 않는다고 생각해보자. 고속도로에서는 '체인을 감으세요' 혹은 '불확실한 상황에 대비하세요' 같은 경고문이 뜬다. 이런 경험을 한 번이라도 해본 사람이라면 "다시는 이 짓을 하나 봐라"라고 말하겠지만 슬로프가 손짓하면 그만 흥분해서 나도 모르게 "알 게 뭐야, 가자고!"라고 외치게 된다. 6시간 후 교통 체증에 갇힌 당신은 내가 왜 여기에 있는지 생각할지도 모른다. 내가 이제부터 설명할 '될 대로 되라지' 거부 방정식의 도움을 받아보자.

타호 호수에 가겠다는 결정을 내리기 위한 방정식의 분자에는 귀찮은 상황이, 분모에는 즐거움이 있다. 가령 "금요일 오후 3시 이후 출발해 일요일 오후 5시까지 돌아오려면 정작 스키는 하루밖에 못 타는데 너무 번거로워. 안 갈래"라고 말하는 것이다. 타호 방정식은 '될 대로 되라지' 마인드를 없애기 위한 거의 모든 상황에 적용할 수 있다.

일상에서 작은 결정과 관련해 고려해야 할 3가지 개념이 있다.

첫 번째는 앞에서 말한 '경로의존성'이라는 개념이다. 보통 경제와 사회 과학에 적용되지만 '될 대로 되라지' 마인드에도 효과적이다. 경로의존성은 역사가 중요하다는 의미다. 다시 말해 과거 사건과 결정이 훗날 일어날 일을 좌우할 수 있다. 곧 차를 몰고 떠나야 하는데 누군가 술 한 잔을 권유했다고 치자. '될 대로 되라지'라는 마음으로 잔을 받는다면 음주운전 딱지를 떼게 될 것이다. 공직 관련 커리어는 날아간 셈이다. '될 대로 되라지' 마인드로 받아 든 술 한 잔이 인생 계획을 바꾸는 것이다.

두 번째 개념은 '눈덩이 효과'다. 별로 중요해 보이지 않는 일이 쌓이고 쌓여 점점 더 커지는 것이다. "될 대로 되라지, 건강에는 안 좋겠지만 드라이브 스루를 이용하면 편하잖아"라는 태도로 매일 맥도날드에 가는 사소한 선택을 생각해보자. 그 작은 결정은 엄청난 체중 증가와 건강 악화로 이어질 수 있다. 철학자이자 성직자인 프란츠 브렌타노는 작은 실수가 어떻게 불어나는지에 관해 이렇게 말했다. "처음에는 작았던 것이 결국에는 엄청나게 커지죠. 처음에는 진실에서 아주 살짝 벗어나 있을지라도 그 방향으로 점점 더 가다 보면 몇 배나 큰 실수를 저지르게 됩니다."

세 번째 개념은 '파급 효과'다. 사물이 물에 떨어지면 원래 떨어진 지점에서 훨씬 멀리까지 파문이 인다. 효과는 점점 커지고 확대된다. "될 대로 되라지"라는 말 역시 마찬가지다. "그때의 작은 선택이 제 인생을 바꿨어요" 같은 말을 교훈으로 삼길 바란다.

　새로운 낚싯대와 낚싯줄을 산 남자의 이야기를 들려주겠다. 그는 자신이 산 낚싯대가 집 근처 부두가 아니라 심해용이란 걸 깨닫고는 보트를 샀다. 큰 보트였으므로 그 보트를 끌 새로운 트럭이 필요했다. 트럭과 보트를 진입로에 놓으려면 큰 집이 필요했다. 이 모든 일은 새로운 낚싯대와 낚싯줄을 사겠다는 결정이 낳은 결과였다. 잔물결이 번지듯, '될 대로 되라지' 마인드가 번진 결과였다.

삶을 가능성으로
가득 채우는 선택들

개인의 스타일과 외모는 언제나 관심 대상이다. "누가 알아채겠어?"에 대한 답은 거의 언제나 "그렇다"이다. 줌 미팅에서 하의까지 차려입을 필요는 없지만 사람들은 우리가 미팅을 대하는 태도를 알아챌 것이다. 우리의 모든 페르소나가 퍼스널 브랜드를 좌우한다.

내 친구는 아들과 딸, 이란성 쌍둥이의 아빠다. 3학년이 된 아들은 매일 똑같은 옷을 입는다. 카키 바지에 폴로셔츠. 아들은 다음 날 아침에 무슨 옷을 입어야 할지 고민하지 않도록 전날 옷을 입고 잠자리에 든다. 반면 여동생은 매번 다른 옷을 입고 자신의 선택에 의기양양해한다. 옷을 고르는 일상의 습관이 딸에게는 중요하지만 아들에게는 중요하지 않다. 하지만 둘 중 누구도 "아무거나"라고 말하진 않는다.

'될 대로 되라지' 파급효과를 낳는 작은 선택들

- 계단으로 걸어갈까, 엘리베이터를 탈까?
- 동료들에게 친밀하게 대할까, 적당한 거리를 유지할까?
- 동료의 성공에 마냥 기뻐해야 할까, 자극받아야 할까?
- 상대에게 직접 말해야 할까, 그냥 메일을 보낼까?
- 술자리에 참석할까, 말까?
- 회의 도중 이메일을 보낼까, 아니면 회의에 집중할까?
- 경조사에 갈까, 아니면 내 일을 먼저 할까?
- 사람들에게 감사하는 태도로 회사를 떠나야 할까?
- 이면지를 사용할까, 그냥 새 종이를 쓸까?

선택은 삶의 각기 다른 지점에 다른 방식으로 우리 앞에 나타난다. 어떠한 일이 있어도 "아무거나"라고 답해서는 안 된다. 죄책감은 보통 우리가 저지른 일 때문에 우리를 옥죄어 오지만 우리가 하지 않은 일, 우리가 하지 않은 결정도 죄책감을 불러일으킬 수 있다.

"아무거나"를 입에 달고 사는 사람은 우유부단하고 징징대며 변변치 못한 사람으로 각인될 수 있다. 그렇게 스스로 커리어를 망친다. 그러한 사례를 수없이 봐오지 않았나? 이미 언급한 온갖 문제들 외에도, "아무거나"라는 말을 내뱉으며 결정을 회피하는 모든 순간은 다른 사람들을 짜증 나게 만들 수 있다. 내 말을 못 믿겠는가? 친구가 20분 동안 메뉴판을 들여다본 뒤 "아무 거나 먹자"라고 말한 순간을 떠올려보자.

이 같은 사소한 결정이 나의 인생에 어떠한 영향을 미치는지 당시에는 깨닫지 못할 뿐이다. 우리는 아무리 작을지라도 선택이 미치는 영향을 염두에 둔 상태로 결정해야 한다. 삶은 가능성으로 가득하다. 다른 사람들이 기대하는 삶을 생각하느라 시간을 낭비하는 대신 나 자신을 행복하게 만드는 선택을 하길 바란다.

제프 리처드는 기업을 성공 가도에 올려놓는 투자자다. 그는 여러 글로벌기업의 초기 단계에 투자했으며 모험적인 투자를 하는 것으로 유명하다. 집에서는 4명 아이의 아버지이기도 하다.

의사결정과 '될 대로 되라지'에 대해 어떻게 생각하냐는 질문에 제프 리처드는 대학 시절 농구를 했던 경험을 털어놓았다. "다트머스대학교 1학년 시절 저는 늘 후보 선수였습니다. 경기를 뛴 적이 거의 없었지만 계속했죠. 2학년 때에도 저는 후보 선수였습니다. 3학년 때에도, 4학년 때도 계속해서 후보 선수로 경기에 출전한 적이 손에 꼽을 정도였습니다. 저는 포기할 수 있었지만 그러지 않았습니다. 매년 농구팀에 들어가기 위해 애썼죠. 농구를 정말 좋아했거든요. 이 이야기 덕분에 첫 직장을 얻을 수 있었습니다. 그 뒤로도 저는 절대로 그만두지 않았어요. '될 대로 되라지. 다른 일을 하겠어'라고 말하지 않았죠."

제스는 자신이 투자하는 기업에서 그러한 투지를 찾는다. "훌륭해지려면 자신이 추구하는 목표와 사람에게 전념해야 합니다. 참여의 의미는 계속해서 변하지만 참여는 여전히 중요합니다. 누가 참여하는지, 누가 꾀를 부리는지 모두가 알아차려요. 참여는 어떠한 의도를 갖고 하는 행위입니다. 저는 어느 직위에 있든 누구나 결정할 수 있기를 바랍니다. 훌륭한 리더는 사람들의 결정권을 존중해주죠."

모든 선택의 영향력을 염두에 두어라.
그리고 당신을 행복하게 만드는 선택을 하라.

8장

후회를 남기지 않는
선택법

우리가 진짜 누구인지,
우리의 능력보다
훨씬 더 뛰어나다는 걸
보여주겠다고
선택할 수 있어, 해리.

—J. K. 롤링,
《해리 포터와 비밀의 방》

선택하지 않은 후회는 때로 평생을 따라온다

후회는 아주 강력한 감정이다. 대개 우리가 하지 않은 결정이 후회를 낳는다. 결정하지 않을 때 후회는 거의 100% 따라온다. "대신 골라줘"라고 말했다가 원치 않은 식사를 하는 단순한 후회도 있다. 집을 살까 말까 고민하다가 기회를 놓치고 후회할 수 있다. 관계를 방치했다가 그 관계가 끝난 뒤 후회할 수도 있다. '될 대로 되라지'식의 태도는 이렇듯 언제나 후회를 낳는다. 결정하지 않은 뒤에는 과거의 실수에서 배운 뒤 앞으로 나아가는 것밖에 선택지가 없다.

후회는 위험과 선택이 만나는 지점을 파고든다. 위험을 감수하려는 의지가 부족할 때 우리는 선택하지 않는다. 그리고 그 결과를 후회하는 마음으로 돌아본다. 선택할 수 있었는데, 잘 선택했을 텐데, 선택했어야 했는데 하면서 말이다.

"아마존 주식을 8달러에 살 수 있었는데", "경제 수업을 들으라는 멘토의 말을 들었어야 했는데", "해양 생물학자가 되었어야 했는데" 같은 말을 우리는 얼마나 자주 듣는가. 이 모든 후회 안에는 위험이라는 개념이 내포되어 있다. 그렇다면 교훈을 얻은 뒤 그 감정에서 빠져나와야 한다.

'될 대로 되라지' 마인드를 무찌르려면 위험을 감수해야 한다고 말하는 상투적인 문구가 넘친다. 하지만 이 조언들은 대부분 사실이다. 이런 조언을 많이 들어봤을 것이다.

- 위험 없이는 대가도 없다.
- 위험을 무릅써라. 그래야 결실을 맺을 수 있다.
- 위험을 감수해라. 쟁취한다면 행복하겠지만 실패하더라도 지혜를 얻을 것이다.

이 말들은 위험을 선택하도록 용기를 주지만 '될 대로 되라지' 마인드는 우리를 위험에서 멀어지게 만든다. 저마다의 머릿속에는 각기 다른 위험 계산기가 들어 있다. 리처드 브랜슨이나 일론 머스크처럼 위험을 감수해 성공을 쟁취한 사람들을 보아라. 성공하는 사람은 위험을 이해하고 자신의 판단에 따라 결정한다. 테크업계의 승자 가운데에는 굉장한 모험가가 많다. 물론 위험을 선택한다고 후회가 아예 없는 건 아니다.

'실패한 기업에 투자하는 대신 돈을 갖고 있어야 했어'라든지 '보트에 돈을 쓰지 않았더라면'이라며 후회할 수는 있지만 결정하지 않아 날려버린 기회에 집착하는 태도는 좋지 않다.

실패는 성공으로 가는 길이다

계속 후회만 하는 사람들이 있다. 내가 어렸을 때 우리 할아버지는 눈앞의 집들을 가리키며 "저 큰집 보이니? 대공황 때 저 집을 5천 달러에 살 수 있었단다. 돈이 부족했다만 마음먹으면 살 수도 있었을 텐데"라고 말했다. 또한 지나가는 자동차를 가리키며 "몇 년 전 주말에 어떤 사람 밑에서 일했는데 그 사람이 나에게 저런 차를 싸게 팔겠다고 했지. 샀어야 했는데 말이야"라고 말하기도 했다. 어린 나조차 할아버지가 그 집을 사거나 차를 샀다면 지금쯤 할아버지의 인생이 얼마나 달라졌을지 궁금했다. 할아버지는 당시 생각엔 옳은 선택을 했지만 위험을 감수하지 않은 것을 평생 후회했다.

위험이 불러올 최악의 결과를 생각해보면 선택하는 데 도움이 된다. 할아버지의 경우 최악의 결과는 재정 파탄이었기에 위험을 무릅쓰지 않았다. 당시에는 현명한 판단이었을 것이다. 할아버지의 삶은 시대의 산물이었고 당시 사람들은 오늘날보다 위험을 회피하는 성향이 짙었다.

오늘날은 정반대로 위험을 무릅쓴 경험이 명예 훈장이다. 실리콘밸리에서 위험을 무릅썼다가 실패한 경험은 성공으로 이르는 길에 얻은 교훈으로 여겨진다. 먼지를 털고 일어나 다시 시도하는 것이다. 리처드 브랜슨은 이렇게 말했다. "운에 맡기고 한번 해보자. 자신을 시험하고 즐기며 한계까지 밀어붙이는 최고의 방법이다."

포모 증후군(FOMO, 자신만 뒤처지거나 잊혀질까 두려워하는 증상—옮긴이) 역시 방법이 될 수 있다. 승진이나 행사, 중요한 회의를 놓칠까 두렵다면 포모 증후군은 기회를 흘려보내지 않고 결정하는 데 필요한 자극이 될 수 있다. 특별 프로젝트를 맡아야 할까? 콘퍼런스에 참석해야 할까? 다음 번 회의 때 나서야 할까? 누구나 포모 증후군을 느낄 때가 있다. 그러한 두려움 덕분에 우리가 결정할 수 있다면, 이 두려움을 좋은 쪽으로 활용하는 것 아닐까?

바람직한 방향이 아닌데도 구성원 모두 "될 대로 되라지"라며 외면할 때 생기는 후회를 생각해보자. "될 대로 되라지"라고 말하지 않는 사람은 흔히 내부고발자가 되기도 한다. 기업의 영웅이다. 테라노스는 내부고발자 덕분에 사기극이 드러난 대표적인 사례다. 이 기업이 몇 년이나 활동한 뒤에야 뉴스 보도와 정부 조사를 통해 자기네가 보유하고 있다고 주장한 기술이 거짓임이 드러났고 엘리자베스 홈스가 투자자와 정부를 속였음이 밝혀졌다. 많은 이가 테라노스 직원들이 어떻게 그 사실을 모를 수 있었는지 의아해했다. 내부고발자가 경고 버튼을 누르기 전까지 '될 대로 되라지'라는 태도가 만연했던 것이다. 테라노스와 홈스는 결국 '거대 사기극'으로 투자자들을 기만한 죄로 기소되었다.

최근에는 페이스북과 X(전 트위터)에서도 내부고발자가 나왔다. 전 페이스북 직원은 페이스북이 맹렬한 성장과 '천문학적인 수익'을 추구하는 과정에서 "어린이들에게 해를 끼치고 분열의 씨를 뿌리며 민주주의를 약화시킨다"고 주장했다. X의 전 최고정보보안책임자는 X가 보안 문제보다 이익을 우선시한다고 증언했다. 그럼에도 직원들이 나서서 문제를 바로잡는 대신 "될 대로 되라지"라고 말하는 사례는 끝도 없다. 가치에 부합하는 결정을 했다면 모두 이 같은 상황을 피할 수 있었을 것이다.

조직과 개인 모두 결정을 회피할 때 고통스런 결과를 피하기는 어렵다. 구성원이 의사결정에 익숙하지 않으면 조직은 기회를 놓친다. 어떤 결정도 하지 않은 채 계속해서 회의만 하던 경험이 다들 있지 않은가. '될 대로 되라지'의 또 다른 표현인 "그 정도면 충분해" 같은 말 역시 좋지 않은 영향을 미칠 수 있다.

'그 정도면 충분'하지 않다. 우리가 무언가나 누군가에 안주하는 사례는 넘친다. 뒤돌아보고 나서야 더 좋은 기회를 놓쳤음을 깨닫는다. 전부 "될 대로 되라지"라고 말했기 때문이다.

선택을 되돌릴 기회는 있다

설립 초기 단계의 게임 회사와 일한 적이 있다. 기업은 진퇴양난 상황이었고 CEO는 해고된 참이었다. 투자자이자 이사였던 나는 새로운 CEO를 찾기 위한 위원회를 이끌게 되었다. 아무나로 채울 수 없는 자리였다. 새로운 CEO는 비디오 게임, 미디어, 기술을 알아야 했으며 무엇보다도 소멸 직전의 기업을 글로벌 플레이어로 바꿀 자질이 있는 사람이어야 했다. 게다가 또 다른 과제도 있었다. 게임 회사에는 괴짜에 간섭받기 싫어하는 젊은 엔지니어가 많았다. 이들을 이끌 자질이 있어야 했다. 우리는 몇 달 동안 완벽한 CEO를 찾아 헤맸으나 시간만 흐를 뿐 이렇다 할 발전이 없었다. 괜찮아 보이는 후보자를 찾긴 했지만 적임자는 아니었다. 실제로 그를 만나고 난 뒤 모두가 입을 모아 말했다. "이력서상으로는 괜찮아 보였는데."

그는 얼마 전 해고된 CEO와 크게 다르지 않았다. 그런데도 우리는 결국 그에게 자리를 제안했고 그는 수락했다. 이사진은 "어떻게든 되겠지, 그 사람 정도면 괜찮잖아"라고 입을 모아 말했다. 하지만 그는 적임자가 아니었다. 우리는 실수를 저질렀고 그 사실을 내심 알고 있었다.

새로운 CEO가 취임하기 전, 소식을 들은 한 여성이 나에게 연락해왔다. 나는 그 자리가 이미 충원되었다고 설명했지만 우리는 만나서 커피나 한잔하기로 했다. 만나자마자 나는 그 여성이 우리가 찾던 사람임을 알아봤다. 이 여성은 기업을 순식간에 바꿀 수 있는 리더였다.

나는 후회할지도 모르지만 "될 대로 되라지"라고 말하며 이미 채용한 평범 씨가 잘해내기를 바랄 수도 있었다. 하지만 그러지 않았다. 이사회원들에게 곧바로 문자를 보내 우리가 실수를 저질렀다고 말했다. 다행히 아직 일을 시작하지 않았기에 우리는 제안을 철회했다. 그리고 새로 발견한 적임자를 CEO로 채용했고 회사는 승승장구했다. '될 대로 되라지'를 이겨낸 순간이었다.

평생 따라올 후회와 미련을 생각하라

네트워킹은 채용이나 해고보다 심각하지 않지만 약간의 위험이 따르는 결정이다. 네트워킹은 다른 사람들과 연결되려고 의도적으로 나서는 일이다. '안녕하세요'라는 문구 아래 나의 이름이 적힌 이름표를 가슴팍에 달고 있다는 건 '당신은 나를 모르지만 한번 알아볼래요?'라는 뜻이다. 우리는 거절당할 위험을 감수한다. 물론 그러한 일은 거의 일어나지 않는다. 네트워킹 자리에서 '될 대로 되라지'라는 태도로 임한다면 당신의 커리어에 도움이 될 사람을 만날 수 없다. 당신의 세상을 넓히겠다는 적극적인 자세로 네트워킹 모임에 참석하길 바란다. 얼마나 많은 사람을 나의 지인 목록에 포함할지 목표를 정해도 좋다.

위험을 극도로 꺼리는 성향 때문에 결정을 회피한다면 이렇게 해보자. 위험한 선택을 할 때, 심지어 내가 바라는 결과를 가져오지도 않는 결정일 때에는 '그럴 만한 가치가 있을까?'라고 자문하는 것이다. 혼자 여행하기? 지나치게 비싼 집 매매하기? 준비되지 않은 일 맡기? 옛사랑 찾기? 확실한 답을 내리긴 어렵지만, 그 과정을 즐기게 될지도 모르지 않을까. "될 대로 되라지"라고만 답하다간 위험을 회피하는 성향 때문에 싫어하는 일이나 사람과 함께할지도 모른다. 그럴 만한 가치가 없다.

　업무 태도를 바꾸거나 인생의 다른 부분과의 균형을 유지
하려고 노력하면 '될 대로 되라지' 마인드를 퇴치하는 데 큰
도움이 된다. 예컨대 "더 이상 이렇게 열심히 일하고 싶지 않
아", "형편없는 상사와 더 이상 일하고 싶지 않아", "나와 신념
이 다른 사람들과 일하고 싶지 않아"라고 말했다고 하자. 지
금 일을 더 이상 견디지 못하겠다는 말은 대안 없이 무작정
그만두겠다는 뜻이다. 아주 위험한 결정이다. 소소한 선택들
앞에 '될 대로 되라지'라는 태도로 임할 경우 그런 선택을 할
수 있다.

　컨설턴트이자 작가인 수지 웰치는 10-10-10 규칙이라는 단
순한 도구를 개발했다. 선택을 할 때 무엇을 후회할지 생각해
보는 방법으로 우리가 내리려는 선택을 3가지 프레임으로 바
라보는 것이다. 10분 후에 어떤 기분일까? 10개월 후에는? 10
년 후에는? 지금의 결정이 훗날 후회를 불러올 것 같다면 더
행복한 미래가 예상되는 다른 길을 취해야 한다.

　다니엘 핑크는 《후회의 재발견》에서 후회라는 감정을 어떻
게 대해야 하는지 말한다. 그는 장기적인 후회는 우리가 하지
않은 결정에 기인한다고 강조한다. 일상에서 우리가 느끼는
가장 큰 후회는 관계와 관련된 것이며 가장 오래 가는 후회는

우리가 하지 않은 행동과 관련된 것이다. "그 사람과 결혼했어야 했어", "도전했어야 했어", "내가 그 일에 적임자였을 텐데" 등등. "될 대로 되라지"를 달고 살면 후회가 뒤따른다. 누가 그런 결과를 바라겠는가?

미련이 담긴 결정들의 예는 수없이 많다. "될 대로 되라지"라고 말하지 않더라면 나는

· 회사가 보내는 곳이 아니라 내가 원하는 곳에서 살 수 있었을 것이다.

· 여름 내내 모험으로 가득한 아르바이트를 할 수 있었을 것이다.

· 유학을 갔을 것이다.

· 참담한 중독의 늪에서 빠져나올 수 있었을 것이다.

· 더 창의적일 수 있었을 것이다.

· 그 스포츠에 매진해 직업으로 삼을 수도 있었을 것이다.

· 조금 더 늦게 결혼할 수 있었을 것이다.

· 조금 더 빨리 결혼할 수 있었을 것이다.

· 저축을 해서 은퇴할 수 있었을 것이다.

· 가족사업을 물려받을 수 있었을 것이다.

· 열정을 조금 더 일찍 불태울 수 있었을 것이다.

· 형제들을 도울 수 있었을 것이다.

· 힘들어하는 청년들의 멘토가 될 수 있었을 것이다.

· 열정을 따를 수 있었을 것이다.

나는

· 그 사람과 결혼했어야 했다.

· 대학 졸업 후 1년을 쉬었어야 했다.

· 더 열심히 공부했어야 했다.

· 기회가 있을 때 이사했어야 했다.

· 더 열심히 노력했어야 했다.

· 더 관심을 기울였어야 했다.

· 파티를 조금 줄였어야 했다.

· 부모님 말씀을 들었어야 했다.

· 나 자신에게 좀 더 솔직했어야 했다.

· 더 나은 결정을 했어야 했다.

나는

· 더 성공할 수 있었다.

· 더 만족할 수 있었다.

· 더 도전할 수 있었다.

· 부모가 될 수 있었다.

· 모험가가 될 수 있었다.

· 세상을 바꿀 수 있었다.

· 여행할 수 있었다.

나는

· 현명할 수 있었을 것이다.

· 행복할 수 있었을 것이다.

· 무엇이든 줄 수 있었을 것이다.

어떠한 경우든 "될 대로 되라지"라는 말은 삼가길 바란다.

'될 대로 되라지'를 물리치는 선택법

결정의 크기와 관계없이 나는 '하비의 공'이야말로 고착된 상태에서 벗어나는 데 도움이 되는 단순하고 효과적인 방식이라고 생각한다. 하비의 공은 컨설턴트가 애용하는 도구로 프로젝트 점검과 지속적인 개선에 이용된다. 하비 L. 포펠이 1970년대에 부즈 앨런 해밀턴에서 세계적인 IT 컨설팅 업무를 이끌면서 고안한 것으로 알려져 있다. 전자레인지나 컴퓨터를 살 때 하비의 공을 사용해도 좋다. 공은 우리의 선택과 우리가 선택을 내리는 기준을 정량적으로 보여준다. 완벽한 그림을 보여주지는 않을지 모르지만 대체로 옳다. 나는 하비의 공 다이어그램을 완성하고 나면 어떠한 모습일지 눈을 가늘게 뜨고 본다. 내 눈 안에 답이 있다.

하비의 공은 각 선택이 기준에 얼마나 들어맞는지 보기 위해 선택지를 비교하는 일이다. 아래 그림을 보자.

하비의 공

음식의 질이나 맛 같은 정보는 비교하기 쉽게 요약하기가 힘들다. 이때 하비의 공이 도움이 된다. 직장 동료와 점심 식사를 하러 갈지 말지 선택할 때는 하비의 공 테스트가 필요 없다. 상사가 마음에 들지 않아 직장을 그만두어야 할지 결정할 때는 이 도구가 꽤 유용하다. 선택지는 다음과 같다.

1. 현 직장에 남는다.
2. 새로운 일자리를 찾는다.
3. 대학원에 진학한다.

준비 상황, 가족의 지지, 재정 상태 같은 요소가 당신이 결정을 내리는 기준과 공을 채우는 기준이 될 수 있다. 꽉 채워진 공은 결정을 내리는 데 도움이 된다.

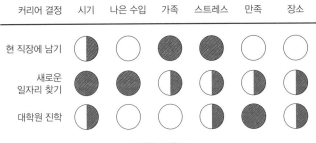

하비의 공 차트

제니퍼 시랑젤로는 여성 최초로 내셔널 4-H 의회를 이끌고 있다. 6백만 청년, 50만 명의 자원봉사자, 3500명의 4H 전문가로 이루어진 복잡한 조직이다.

"확실한 미션을 품은 채 조직을 이끌 때면 선택하기가 쉽지 않을 수 있습니다. 하지만 선택은 확실합니다. 투자와 참여 증대로 모든 청년에게 더 많은 기회를 주겠다는 우리의 미션이 언제나 우선이죠.

리더로서 저는 아무리 사소한 일도, 사소한 결정도 모두 중요하다고 생각합니다. 우리는 언제나 의도적으로 결정합니다. 주저함이나 우유부단함에 맞서기 위해서죠. 지원하는 청년은 물론 직원과 자원봉사자 모두에게 그런 생각을 강조합니다.

리더라면 효율적으로 일하기 위해 언제나 선택해야 하며 때로는 아주 빨라야 함을 압니다. 윗사람이 조직의 분위기를 결정하니까요. 우유부단한 리더는 방향 없는 조직을 낳죠. 회의 중 전화를 받는 것 같은 사소한 행동은 주위 사람을 중요하게 생각하지 않는다는 신호로 해석될 수 있어요.

그래서 '될 대로 되라지' 마인드는 굉장히 무례합니다. 결정하지 않는 건 무시하는 행동이에요. '나는 당신을 소중하게 생각하며 당신의 결정을 바랍니다'가 아니라 상대를 중요하게 생각하지 않다는 뜻이죠.

성공적인 사람은 의도적으로 행동합니다. 목표를 갖고 그 목표에 따라 결정하죠. 의도에서 결코 멀어지지 않습니다."

결정하지 않았을 때 후회할 확률은 거의 100%다.
위험을 감수하고 후회를 최소화하라.

9장

선택과 실행을 위한
나만의 자문단

망설임의 평원에는
결정의 순간에
가만히 기다리기만 하다가
사라져버린 수많은 이들의 뼈가
묻혀 있다.

—조지 W. 세실

나만의 자문단을 꾸리자

카티나는 심령술사다. 번화가에 있는 그녀의 스튜디오 주변에는 번쩍이는 전광판을 내놓고 영업하는 심령술사가 많지만 카티나는 다르다. 카티나의 고객은 평범하지 않다. 그녀는 디스크 드라이브 기업 전략팀의 대규모 워크숍에 직원들을 즐겁게 해줄 일종의 이벤트로 초대되었다.

어린 시절 병을 앓은 카티나는 청력의 80%를 잃었다. 들을 수 없는 그녀는 상대의 입을 바라보며 상대의 말을 이해하려고 노력했다. 그러다 그녀의 시선은 점점 위로 향했고 결국 상대의 눈을 들여다보기 시작했다. 그러면서 그녀는 흥미로운 통찰력을 얻었다. 대학원에서 전략기획 수업을 듣는다고 얻을 수 있는 기술이 아니었다.

그녀는 깜짝 이벤트 차례에 등장했다. 별다른 소개 없이도 사람들은 그녀에게 관심을 보였다. 워크숍 참여자들이 가장 집중한 순간이었다. 그녀는 자신이 어떻게 청력을 잃었는지 이야기하며 기업과 직원들에 관해 예측을 시작했다. 하나같이 긍정적인 예측이었다. 그러더니 원한다면 개인 상담을 해주겠다고 했다. 워크숍 참가자 50명 전부 줄을 섰다. 그중엔 포춘 500대 기업의 CEO도 있었다. 처음에는 재미로만 생각했는데 머지않아 워크숍의 분위기가 바뀌었다. 카티나가 세계적인 컨설팅팀이나 기업의 전략기획 그룹보다 더 빠르고 믿음직스럽게 기업의 미래를 예측해주는데 뭣 하러 골치 아픈 분석표를 들여다보겠는가?

워크숍의 나머지 일정은 당연하게도 CEO가 받아적은 카티나의 권고사항을 어떻게 시행할 것인지에 대한 토론으로 이어졌다. 그 기업은 정말로 카티나의 조언을 따랐다. 그녀가 제안한 최고의 조언은 "가장 큰 고객에게 집중하라", "중요한 고객을 새로 유치하게 될 것이다. 두 팔 벌려 환영하라" 같은 것들이었다.

카티나는 수정 구슬이 이상적인 결정 도구가 될 수 있음을 보여주었다. 심령술의 세계에선 수정 구슬을 들여다보면 미래를 볼 수 있기에 주어진 선택지를 판단하는 것도 가능하다. 그리고 그 선택이 어떤 결과를 가져올지 확실히 알게 된다. 그녀는 그들의 수정 구슬이었다.

물론 카티나의 조언은 살짝 애매하고 시행하기 쉽지는 않았다. 하지만 MBA 상담만큼이나 좋았다고 생각하는 사람도 있었다. 그녀의 조언은 누구나 다양한 조언에 열려 있음을 보여주었고, 실제로 다른 자료와 함께 이용한다면 귀중한 자원이 될 수 있었다. 그녀는 '될 대로 되라지' 마인드를 무찌르는 데 도움이 되는 수많은 자원 가운데 하나였다. 카티나와 그 CEO는 여전히 연락하고 지낸다. 그의 든든한 자문단이 되었을 것이다.

가상의 멘토에게 상담하기

당신이 결정하는 데 도움이 되는 최고의 조언자는 당신을 잘 알고 이해하며 응원하는 사람이다. 하지만 현실에는 그런 사람이 많지 않다. 부모, 친척, 친구를 비롯해 당신을 아끼는 모든 이에게 조언을 구할 수 있지만 이들은 객관적이지 않다는 문제가 있다. 상상해보자. "아빠, 다른 주에서 일자리를 제안받았어요. 일생일대의 기회예요. 하지만 그렇게 되면 아빠를 1년에 2번밖에 볼 수 없어요." 자, 아버지가 어떤 조언을 해주실까? 상대에게서 당신에게 가장 이로운 객관적인 답을 받을 확률은 낮다. 우리를 아끼는 조언자가 필요하지만 우리의 인생에 너무 많이 개입하는 사람은 아니어야 한다.

나만의 자문단을 꾸려보자. 자신에 대해 알 수 있는 흥미로운 연습이 될 것이다. 내가 누구를 존경하고 누구에게 조언을 듣고 싶은지 떠올리려면 내가 중요하게 생각하는 가치와 관점을 알아야 한다. 특히 커리어 초기에는 복잡한 조직에 몸담든, 나만의 기업을 세우든, 성공하기 위해서는 안내와 도움이 절실하다. 우리보다 앞서 그 길을 가본 사람이 필요하다. 영감이 되는 전지전능한 사람, 우리가 크고 작은 결정을 하는 데 도움을 줄 사람 말이다. 당신이 꾸려야 할 자문단의 기준은 다음과 같다.

- 나와 비슷한 사람, 내가 되고 싶은 사람
- 대담한 사람, 전혀 우유부단하지 않은 사람
- 사려 깊은 사람
- 진실을 말하는 믿을 수 있는 사람
- 현명한 사람
- 공감을 잘하는 사람
- 내가 존경하는 사람

회사가 정해준 멘토는 당신이 바라는 사람이 아닐지도 모른다. 당신의 정신 건강에는 관심 없을지도 모른다. 내려야 하는 결정은 많은 반면 훌륭한 조언자는 그다지 많지 않다.

우선 자신의 네트워크 내에서 찾아보자. 네트워크는 구직에만 도움이 되는 게 아니다. 당신이 쌓아둔 네트워크는 아무리 사소한 것이라도 결정을 내리는 데 큰 도움이 된다. 선택을 해야 할 때 우리는 이 같은 상황과 선택을 잘 알고 있는 사람에게 조언을 얻을 수 있다. 재정적인 결정에 도움이 되는 이들도 필요하고 커리어 결정에 도움이 되는 이들도 필요하며 개인적인 결정을 도와줄 이들도 필요하다. 각기 다른 역량을 지닌 자문단을 꾸려보자. 자신이 원하는 규모로 자문단을 꾸리자. 그들에게 좋은 조언을 얻는다면 우유부단한 태도에서 벗어날 수 있다. 모두에게서 정신적인 지지를 받을 수도 있다.

하지만 적정한 조언자를 찾는 일이 쉽지만은 않다. 우리가 가장 절실히 필요로 하는 상대가 시간이 나지 않을 수도 있다. 그럴 땐 가상 자문단을 꾸릴 것을 권한다. 안 될 이유가 어디 있는가? 어차피 가상의 시대 아닌가?

가상 자문단은 유용하다. 멘토의 도움을 늘 바랄 수는 없고 가족은 진실을 말하지 않을지도 모르기 때문이다. 네 살짜리 아이가 상상의 친구를 만들어 상상속 친구와 상의하는 것과도 같다. 아무리 작은 선택일지라도 이렇게 자문해볼 수 있다. "오바마라면 어떻게 했을까?", "조지 클루니라면 어떻게 했을까?", "오프라 윈프리라면 어떻게 했을까?" 좋은 사람뿐 아니라 나쁜 사람도 자문단으로 삼을 수 있다. 결정을 내려야 할 때 "○○(나쁜 사람)라면 어떻게 할까?"라고 생각하는 사람은 많지 않겠지만 나쁜 조언자도 도움이 된다. 연쇄 테러범이라면 어떻게 했을까? 어떤 선택이든 그 선택은 하지 않도록 하자.

나는 종종 조지 클루니와 상담한다. 우리는 한 번도 만난 적 없고 앞으로도 그럴 것이며 그가 나의 존재를 아는 일 또한 결코 일어나지 않을 것이다. 그는 부자이고 잘생겼으며 유명하다. 하지만 그가 내 자문단인 이유는 그 때문이 아니다. 그는 유명한 것 외에도 가족을 사랑하고 자기 인식을 잘하고 타인을 배려하는 괜찮은 사람으로 알려져 있다. 나는 그가 삶을 살아가는 방식, 슬픔에 안주하지 않는 태도가 마음에 든다. 최근에 그라면 어떻게 했을지 물어본 적이 있다. 동네 사람들을 대상으로 기업가로서 나의 경험을 전하는 강의를 부탁받았다. 별로 내키지 않았지만 그들에게 이 강의가 중요하다는 걸 알았고 내게는 그리 어려운 일이 아니었기에 하겠다고 했다. 조지 클루니 역시 그랬기를 바란다.

조언의 힘을
무시하지 말자

　　　　　　현실의 자문단이든 가상의 자문단이든 멘토는 우리가 필요할 때 찾는 사람이다. 멘토는 결정을 내리는 데 즉각적인 도움이 될 수 있다. 원하는 멘토는 저마다 다르고, 우리가 삶의 주기마다 찾게 되는 멘토도 달라진다. 우리는 멘토의 모습이 어떠하리라고 저마다 상상의 나래를 펼친다. 우리보다 나이 많고 경험이 풍부한 상사 같은 사람도 있고, 부모님처럼 (그렇게 나이가 많지는 않더라도) 우리에게 도움 되고 솔직한 사람도 있다. 다시 말해 멘토는 우리가 승진을 하고 좀 더 만족스러운 직장 생활을 하는 데 도움이 되는 사람이다. 상사처럼 행동하는 사람이어야 할 필요는 없다. 내게 가르침을 준 최고의 멘토 한 명은 나보다 어렸으며 창의적이었다.

멘토 역할을 즐기는 사람도 있는 반면 꺼리는 사람도 있다. 멘토의 지도 아래 발전하는 사람이 있는 반면 그러한 상대에게 배우기를 거부하는 사람도 있다. 그러나 성공을 꾀하려면 멘토와 멘티 모두가 배우고 발전하도록 '될 대로 되라지' 마인드에서 벗어나야 한다. 멘토로서 타인을 돕거나 멘티로서 타인의 조언에 귀 기울인 시간은 작은 선택이지만 소중한 관계로 이어질 수 있다.

바쁜 매니저는 멘토 역할을 내켜하지 않는다. 가뜩이나 바쁜데 남을 가르치고 그들의 말에 귀 기울여봤자 이렇다 할 성과가 없으리라고 생각한다. '좋아, 만나는 줄게. 하지만 난 훨씬 더 중요한 일이 있다고'라는 태도로 임한다. 이런 태도는 옳지 않다. 멘토든 멘티든 상대를 책임지는 태도가 중요하다.

어느 날 수줍은 모습으로 다가와 이렇게 말한 청년에게서 나는 이 교훈을 얻었다. "선생님 덕분에 제 인생이 바뀌었어요. 제가 이 프로젝트의 주인이 될 수 있다고 말씀하셨잖아요. 그 말을 듣고 저는 적극적으로 나서서 프로젝트를 성공으로 이끌었어요. 절대로 뒤돌아보지 않았죠. 정말 감사합니다." 나는 그 친구의 공식 멘토가 아니었고 미안하지만 그를 기억하지도 못했다. 하지만 그는 나를 기억했다. 본인의 성향이 어떻든 멘토의 세계는 '될 대로 되라지' 마인드로 임해서는 안 된다. 멘토는 멘티의 발전을 책임져야 한다.

인생 최고의 멘토가 준 교훈

내 인생 최고의 멘토를 당시의 나는 그다지 좋아하지 않았다. 월포드 A. 버틀러, 그의 이야기를 들려주겠다.

정장을 입을 때 반드시 넥타이를 매야 했던 시절, 타이에 묻은 얼룩은 늘 골칫거리였다. 넥타이는 실크 재질에 비쌌으며 이물질이 묻으면 잘 지워지지 않았다. 얼룩진 넥타이를 어떻게 할 것인지 나는 늘 고민했다. 사람들이 알아챌 만큼 큰 얼룩인가? 이제 이 넥타이는 맬 수 없는가? 그래도 갖고 있어야 하나?

버틀러와 저녁 식사를 하던 도중 시저 샐러드 드레싱이 내 넥타이에 튀고 말았다. 나는 곧바로 닦아냈지만 이미 얼룩진 상태였다. 정중앙에 기름 자국이 남았다. 그 모습을 보고 그가 말했다.

"안됐군. 좋은 넥타이를 버려야 하는 건 참 슬픈 일이야"

"안 버려도 되지 않을까요? 얼룩이 빠질지도 모르잖아요. 제가 아끼는 넥타이인 데다 산 지 얼마 되지도 않았어요."

"얼룩은 안 빠질 걸세."

그 넥타이에 어울리는 셔츠와 재킷을 입을 때가 되자 나는 얼룩을 자세히 살펴보며 사람들이 알아챌지 고민했다. 아무도 눈치채지 못할 거라 자신을 설득한 뒤 다시 넥타이를 맸다.

사무실에 도착하자마자 버틀러와 안부를 주고받았다. 그는 내 넥타이를 힐긋 보더니 얼룩을 곧바로 알아봤다.

그는 가위를 갖고 돌아와 대뜸 넥타이를 싹둑 자르더니 나에게 건네며 말했다. "이제 셔츠와 어울리지 않네만." 이제는 이 넥타이를 다시는 맬 수 없을 터였다. 셔츠 깃에서 넥타이의 남은 부분을 풀었다.

"넥타이에 묻은 얼룩은 절대로 지워지지 않는다는 걸 알았나? 자네는 오늘 아침 옷을 입으면서 이렇게 생각했겠지. 셔츠를 먼저 입고 넥타이를 고민했을 거야. 한번 본 뒤 어깨를 으쓱하고는 '아무도 눈치 못 채겠지', 이렇게 말하지 않았나? 두 가지 면에서 틀렸네. 첫째, 사람들이 옷에 묻은 얼룩을 눈치채지 못할 거라 생각한 점. 사람들은 넥타이에 튄 시저 샐러드 드레싱을 알아본다네. 둘째, '이 정도면 괜찮아'라는 안일한 생각과 용납할 수 없는 태도. 자, 이제 그만 가서 새 넥타이를 사 오게."

그제야 그날 아침 이 넥타이를 매면서 자신에게 했던 말이 떠올랐다. "될 대로 되라지." 소중한 교훈이었다.

버틀러는 이제 고인이 되었지만 언제나 내 인생의 멘토다. 다음과 같은 일상적인 결정을 내릴 때 절대로 "될 대로 되라지"라고 말해서는 안 된다는 걸 그에게 배웠다.

· 아무도 눈치채지 못한 사소한 것도 모두가 눈치챈다.

· 친구들은 나의 외모에 대해 거짓말을 하지 않는다.

· 마감을 절대로 놓쳐서는 안 된다.

· 진실한 관계는 상대의 나이와 관계없이 맺을 수 있다.

· 무언가를 수행하는 올바른 방법은 늘 존재한다. 반대의 경우도 마찬가지다.

· 예술과 훌륭한 음식과 와인은 나누어야 하는 법이다.

나의 자문단에는 버틀러 외에도 수많은 사람이 있다. 어머니, 버락 오바마, 중학교 때 영어 선생님 등이 상황에 따라 나의 조언자가 되곤 한다. 나만의 자문단을 신중하게 선별하자. '될 대로 되라지' 마인드에서 벗어나는 데 모두가 도움을 줄 것이다.

현실에 존재하든 상상속에만 존재하든 멘토와 자문단은 반드시 필요하다. 나를 잘 알고 나의 말에 귀 기울이는 편안하고 훌륭한 멘토가 있다면 언제든 조언을 기대할 수 있다. 조언을 얻는 것은 '될 대로 되라지' 마인드에서 벗어나는 가장 유용한 방법이다.

포기하거나
굴복하고 싶을 때

어려움이 있을 때마다 "될 대로 되라지"라며 포기한다면 머지않아 직장 생활을 마쳐야 할지도 모른다. "나에게 이런 일이 일어나다니 믿을 수 없어. 싸우지 않을 거야. 어차피 이길 수 없어. 될 대로 되라지!" 일정도 벅차고 자원도 한정되어 있는 데다 도움을 주는 손길이 없을 때 포기할 수 있다.

격려가 필요할 때, 자존감을 회복해야 할 때, 가면증후군을 극복해야 할 때, 포기하려 할 때, 나만의 자문단을 만나자. 잠시 멈춰서 생각해야 할 때다. 아직 할 수 있는 선택이 있을 것이다. 적군과 맞서 "될 대로 되라지"라고 말하는 사람은 거의 없다. 일이 산더미처럼 쌓여 있거나 시험이 하루 앞으로 다가왔을 때도 마찬가지다. 회피하는 대신 이 일들을 어떻게 처리해야 할지 선택해야 한다.

너무 많은 선택을 마주할 때 우리는 외면하거나 선택을 미루기 쉽다. 다시 말해 어떠한 일도 하지 않는 것이다. 때로는 그래야 할 수도 있지만 뒤따르는 문제를 생각해야 한다. 아침에 맑은 정신으로 생각하는 편이 결정에는 유리할 것이다. 하지만 내일 아침까지 기다리다가 기회나 관계를 놓쳐버리면? 내일 아침까지 기다리다 기회를 날리느니 자신 앞에 놓인 선택을 일부라도 해결하는 편이 좋다.

결정을 잘 내리지 못한다고 말하는 이들도 있다. 그들은 "난 결정을 내리는 데 늘 젬병이었어. 주위 사람들 말을 따르는 게 좋아"라고 말한다. 그런 태도는 자동차 수리를 받으러 갈 때는 좋겠지만 대부분의 일상적인 선택 앞에서는 바람직하지 않다. "될 대로 되라지" 식의 태도를 지닌 사람은 누가 봐도 형편없는 결정을 할 뿐이다. 자신의 삶에 부정적인 영향을 미치는 결정을 하고 싶은가? 그 누구도 비참한 기분을 느끼거나 기회를 놓치는 선택을 해서는 안 된다.

다시 한번 자문단의 도움을 받을 때다. "나는 결정을 잘 못하지만 이 상황에서 그라면 어떻게 했을까?" 이 같은 질문은 우리가 계속해서 결정하는 데 큰 도움이 된다.

'될 대로 되라지'에는 두려움과 불안이 녹아 있다

한 대형 테크기업이 실적 악화로 고심하고 있었다. CEO는 비용 절감 관련 자료를 바탕으로 직원 회의에서 중국과 캔자스시티 공장에서 일하는 4천 명의 직원을 해고하기로 결정했다. 이 결정을 내리는 데에는 5분이 채 걸리지 않았다. 같은 회의에서 이사회는 CEO의 비서 역시 해고해야 한다고 언급했다. 그 비서는 고객과 투자자를 다루는 능력이 부족했고 이는 기업 실적에 부정적인 영향을 미쳤다. 무능한 비서 대신 더 나은 사람을 뽑아야 한다는 데 CEO도 동의했다. 그러나 CEO는 "내 곁을 정말 오래 지킨 사람이야. 차마 말을 못 꺼내겠네. 어떻게든 되겠지"라며 결정을 미뤘다. 그는 방금 4천 명의 직원을 해고했다. 얼굴 모르는 이 직원들을 해고하는 데에는 5분이면 충분했다. 하지만 자신의 바로 옆에서 일하는 무능한 직원 1명은 해고하지 못했다. 오늘날에도 실로 많은 기업이 이런 온정주의와 주관적 감상 때문에 필요한 결정을 적기에 내리지 못한다.

수전 채프먼 휴스는 거침없이 쓴소리를 날린다. 그녀는 아메리칸 익스프레스, 시티그룹을 비롯한 다양한 대기업의 임원으로 일하면서 변화 이니셔티브에 앞장섰다. 여성 리더십에 관해 거침없는 발언을 하는 뉴요커이기도 하다.

"엄청난 변화, 특히 대기업에서 그러한 변화를 추구할 때는 '될 대로 되라지' 식의 태도가 만연하기 쉽습니다. 결정하지 못할 때 변화가 정체되죠. 따라서 리더는 결정할 수 있는 메커니즘을 구축해야 합니다. 일이 진행되려면 이따금 조직원을 안전지대에서 끄집어낼 줄도 알아야 해요. 관료주의에서는 '될 대로 되라지' 마인드가 팽배합니다. 효율적으로 굴러가는 조직은 그러한 태도를 타파하고요."

수전은 특정한 결정에 동의하지 않을 때도 있지만 가만히 있는 것보다는 그래도 결정하는 편이 낫다고 생각한다.

"모든 사람이 결정을 내리는 근육을 기를 수 있어요. 자신 없고 무기력한 영역 밖으로 나오는 법을 배우면 됩니다. 업무 환경은 변하고 있어요. 재택근무가 일상이 된 오늘날일수록 우리는 직원들에게 결정하는 법을 훈련시키고 권한을 줘야 합니다.

제가 만난 최고의 매니저는 의사결정에 방해가 되는 요인을 제거한 사람이었어요. 그들은 함께 일하는 이들을 포기하지 않고 그들이 결정을 내리도록 도왔죠. 아무리 힘든 결정이더라도 말이에요. 그들은 문제 상황에서 공감대를 형성하고 상대의 의견을 지지했습니다. 문제가 확실하면 해결책도 확실한 법입니다. 리더는 바로 그때 도움이 되지요."

수전은 말한다. "제가 결정하는 사람으로 알려지면 사람들이 저를 찾아올 거예요. 저는 그 역할을 기꺼이 맡을 겁니다."

당신만의 자문단을 꾸려라.
아무리 사소한 결정일지라도
자문단은 도움이 된다.

10장

오늘부터 시작하자

결심한 것은 반드시 실행하라.

—벤저민 프랭클린

첫 선택은
거창하지 않게

매일같이 하는 온갖 결정이 지금의 나를 만든다. 현재 상황이 내가 바라던 바와 거리가 멀다면 "될 대로 되라지"라는 말을 너무 자주 내뱉지는 않았는지 돌아보자.

다시는 "알 게 뭐야"라는 말을 하지 않겠다고 마음먹었다면, 이제 다시는 한숨을 쉬며 "결정은 너무 어려워" 같은 말로 결심을 누그러뜨려서는 안 된다. 그러한 한숨은 체념의 옷을 입은 또 다른 '될 대로 되라지'일 뿐이다. "노력은 하겠지만… 어떻게든 되겠지"처럼 말이다. 체념은 '될 대로 되라지' 마인드가 녹아 있는 최악의 태도다.

모호한 태도에서 벗어난다고 한순간에 부자가 되거나 유명해지거나 승진하거나 연봉이 오르지는 않을 것이다. "될 대로 되라지"라는 말을 내뱉지 않는다고 장밋빛 삶이 우리를 기다리는 것도 아니다. 우리는 여전히 과거의 결정을 뒤돌아보며 후회할 수 있다. 하지만 당시에는 최선이었을 모든 순간이 모이면 당신의 삶은 나아질 것이다.

모든 선택은 중요도가 제각기 다르며 우리는 각 결정에 맞게 대처해야 한다. 결혼처럼 평생의 헌신이 필요한 선택도 있다. 반려견 입양처럼 일상을 바꾸어야 하는 선택도 있다. 당시 필요에 근거한 선택, 재정 상황을 고려한 선택, 인정이나 승인 욕구에서 비롯된 선택도 있다. 오늘 무슨 옷을 입을지처럼 그다지 중요해 보이지 않는 선택도 있다. 하지만 모든 선택은 중요하다.

만약 일터에서 너도나도 결정을 꺼린다면 효율적으로 일하는 리더가 그들을 대신해서 결정할 것이다. 선택 앞에서 "될 대로 되라지"라고 말하면 누군가는 "좋아, 그럼 내가 결정할게"라고 할 것이다. 주의하라. 그 순간 주도권이 넘어간다. 선택하지 않은 당신은 남의 뜻에 따라 일해야 한다.

너무 늦었다고, 이제는 '될 대로 되라지' 마인드에서 벗어날 수 없다고 생각할지도 모른다. 하지만 결코 늦지 않았다. 지금 이 순간부터 결정하고 선택하자. 달리기를 시작해 처음으로 마라톤에 도전하는 아흔 살 할머니의 이야기도 있다. 거창한 시도를 할 필요는 없다. 소파에서 일어날지 말지처럼 일상의 소소한 선택부터 시작하자.

작은 선택은 당신을 좋은 곳으로 이끈다

"될 대로 되라지"를 입에 달고 다니는 사람이 되지 않으려면 결정하면 된다. 우리는 운동을 하고 건강한 음식을 먹겠다고 선택한다. 자신만의 목표를 달성하고 싶은 사람에게 선택지는 명확하다. 바로 그 첫 번째 선택을 하지 않으면 좋은 일은 일어나지 않는다.

알코올 중독자 모임에서 우리는 작은 선택에 관한 소중한 교훈을 얻을 수 있다. 알코올 중독자 모임이 성공적인 이유는 사람들이 작은 걸음을 내딛도록 돕기 때문이다. 최종 목표는 평생 금주지만 이들은 일단 하루 혹은 한 시간만 술을 마시지 않는 것부터 시작한다. 유혹에서 벗어나기 힘들다면 친구들의 도움을 받는다. 우리도 똑같이 할 수 있다. 하루만 "될 대로 되라지"라는 말을 삼가기로 선택해보자. 필요하다면 나를 지지해주는 이들과 함께해도 좋다. '될 대로 되라지' 마인드가 알코올 중독과 같다는 말이 아니다. "될 대로 되라지"라고 말하는 대신 작은 선택을 한다면 '될 대로 되라지' 마인드에서 변화할 것이라는 뜻이다. 선택의 크기를 줄여보자. 나 자신과 주위 사람을 위해 변화를 감행하자. 첫걸음부터 너무 복잡할 필요는 없다. 엄청나게 큰 선택일 필요도 없다. 작은 선택은 그 자체로는 중요하지 않아 보일지 모르지만 쌓이고 쌓이면 궁극적으로 당신이 원하는 삶을 안겨줄 것이다. 작은 선택은 작은 승리를 안겨준다. 수없이 많은 작은 선택이 있다. 언제 어디에나 있다. 작은 선택을 할 때 우리는 자신이 바라는 방향으로 인생의 키를 조종하게 된다. 작은 선택부터 회피한다면 인생이 어떠한 방향으로 흐를지 누가 알겠는가? 변화하기 위해선 결단이 필요하다. "'될 대로 되라지'라고 말하지 말았어야 했어. 하지만……"이라고 말해서는 안 된다.

작은 선택을 하면 일을 마무리한 기분을 만끽할 수 있다. 그 결과가 마음에 들지 않더라도 다음 단계로 나아가는 데 도움이 된다. 학교가 좋은 점은 '마무리' 경험이 있다는 것이다. 매 학기에는 시작과 중간, 끝이 있다. 그 과정에서 우리는 의식적으로든 무의식적으로든 얼마나 열심히 임하고 싶은지 선택한다.

일할 때는 마무리와 완성이라는 감각이 드물게 찾아온다. 사실 대부분의 일은 절대로 끝나지도, 완수되지도 않는다. 하지만 당신은 '될 대로 되라지' 마인드에서 벗어나 일을 마무리하는 시점을 스스로 찾게 될 것이다. 나만의 미래를 예측하고 작은 선택을 통해 그곳에 도달하는 여정을 떠나보자.

CEO든, 매니저든, 트럭 운전수든, 주방 보조든, 우리는 수많은 선택을 한다. 나의 하루를 어떻게 쓸지 고민하며 일상에서 내리는 선택은 하루를 좌우하는 가장 크고 중요한 변수다.

이러한 선택을 행동으로 옮기는 것도 중요하다. 앞에서 나는 당신이 결정하는 데 도움이 될 만한 여러 도구와 팁을 소개했다. 반드시 직접 실천해보길 바란다. 당신만의 장치를 만들어봐도 좋다.

스티브 잡스의 2005년 스탠퍼드대학교 졸업 연설에서 나는 선택에 관한 소중한 교훈을 얻었다.

"열일곱 살 때 저는 이런 글을 읽은 적이 있습니다. '매일 인생의 마지막 날인 것처럼 산다면 당신은 옳은 삶을 살 것이다.' 이 글에 감명받은 저는 그 후 33년 동안 매일 아침 거울을 보며 자문했습니다. '오늘이 내 인생의 마지막 날이라면 지금 하려는 일을 할 것인가?' '아니오'라는 답이 며칠 연속 나온다면 다른 것을 해야 한다는 걸 깨달았죠.

곧 죽을지도 모른다는 사실을 명심하는 것은 인생의 고비마다 중요한 결정을 하는 데 큰 도움을 줍니다. 외부의 기대, 자부심, 수치와 실패에 대한 두려움 등은 죽음 앞에서 모두 떨어져 나가고 오직 진실로 중요한 것만 남습니다. 죽음을 생각하는 것은 무엇을 잃을지도 모른다는 두려움에서 벗어나는 최고의 방법입니다. 여러분은 아무것도 잃을 것이 없기에 내면의 목소리를 따라야 합니다.

자신이 죽는다는 걸 상기하는 것은 실패할 수도 있다는 생각의 덫에서 빠져나오는 가장 효율적인 방법입니다. 우리는 이미 벌거벗었습니다. 마음이 시키는 대로 하지 않을 이유는 없습니다."

우리가 스티브 잡스는 아니지만, 결정을 하고 자신만의 관점을 가지라는 그의 조언은 귀 기울일 만하다. 그의 조언을 따르면 인생에서 '될 대로 되라지' 식의 태도를 제거하길 잘했다고 생각할 것이다. 우리는 자신이 원하는 방향으로 가게 될 것이다. 그것이 호감 가는 사람과의 점심 식사일 뿐일지라도 말이다. 우리는 결정할 수 있는 자신의 의지와 능력에 기뻐할 것이다. 이것이 첫 번째 단계.

결국, 모든 결정이
중요하다

우리는 선택을 하면서 미래를 예측한다. 언제나 내가 목표를 달성하는 데 가장 큰 도움이 되는 선택지를 고르도록 하자. 그것이 점심으로 먹을 햄버거든, 대학이든, 곧장 목표를 향해 나아가는 데 도움이 되는 선택이 올바른 선택이다.

불확실성은 우리가 사는 세상을 지배하고, 이는 선택을 어렵게 만든다. 선택의 가짓수가 증가할수록 아무런 선택을 하지 않을 가능성 또한 높다. 완벽한 건 없다. 선택 역시 마찬가지다. 우리의 선택은 완벽하지 않다. 하지만 일단 선택하면 기분 좋지 않은가. 우리는 스스로 어떤 선택을 할지 답을 알고 있을지도 모른다. 그러니 회피하거나 미루기보단 선택하자.

"될 대로 되라지"라고 말하고 싶은 순간을 알아차리자. 작은 결정은 항공사 좌석과도 같다. 비행기가 이륙한 뒤 고민해봐야 소용없다.

    샘 알레마예후는 에티오피아 출신 미국인으로 기업가이자 투자자다. 그는 세계 경제 포럼 글로벌 리더이자 피치 앤 플로의 창립 파트너다. 이 혁신적인 스토리텔링 플랫폼은 전 세계인의 관심과 힙합의 영향력을 바탕으로 차세대 기업가들을 홍보하고 기린다.

    그는 현재 존중받는 투자자이자 전 세계적인 발전을 이끄는 리더다. 그 길에서 그는 난민 수용소에도 머물렀고 스탠퍼드 공대에 다니기도 했다.

    그의 여정은 에티오피아의 한 마을에서 시작되었다. 샘은 에너지 소각 시설과 풍력 에너지 프로젝트 같은 주요 프로젝트에서 변화를 이끌었다. 그곳에서 그는 '될 대로 되라지' 마인드를 지닌 두 부류의 사람들을 만났다. 첫 번째는 무언가를 할 만한 동기부여가 없는 관료들이었다. 두 번째는 너무 오랜 기간 권리를 박탈당한 채 살아서 자신에게는 선택할 권한이 없다고 생각하는 주민들이었다. 두 그룹 모두 함께 일하기 쉽지 않은 상대였다. 샘은 더 나은 세상을 만들고 싶었다. 정부의 결정이나 원조 없이는 달성하기 힘든 일이었다. 그는 사람들이 스스로 힘이 있다고 느끼게 하고 싶었다. 그러나 그들은 아무도 자신의 말을 들어주지 않았던 과거 때문에 "굳이 뭣 하러?"라는 말을 쉽게 내뱉었다.

사무엘은 대담한 행동을 주저하지 않았다. 그는 좋은 결정이 결과를 낸다는 것을 정부에게 보여주었고, 사람들의 말에 귀 기울이고 진실을 전하면서 신뢰를 얻었다. 결코 쉽지 않은 과제였지만 그렇게 목표한 바를 달성했다.

그는 이렇게 말한다. "결정할 수 있는 건 특권입니다. 전 세계 수많은 사람이 인생에서 그러한 선택을 할 기회조차 얻지 못합니다. 그래서 '될 대로 되라지' 같은 말이 어디에나 있죠. 소외되고 목소리를 잃은 이들은 의사결정에 영향을 미칠 수 없습니다. 그리하여 이 사회는 뒤늦은 후회로 가득하죠. 우리는 하지 않은 결정, 놓친 기회를 뒤돌아봅니다. 그러니 우리는 적절한 시기에 선택해야 합니다."

'진짜 세상'에서 성공을 쟁취하는 비밀

대학교 졸업식에서 한 여학생이(제니라고 하자) 내게 다가와 물었다. 그 학생은 내가 다양한 일에 몸담으며 성공한 삶이나 커리어와 관련된 온갖 장단점을 경험해봤다는 것을 알았다. "저는 아직 직업 세계에 뛰어들 준비가 안 된 것 같아요. 대학

생활은 좋았죠. 하지만 '진짜 세상'은 잘 모르겠고 그저 성공하고 싶어요. 선생님은 이미 경험해보셨으니까 질문을 드리고 싶어요. '뭐가 중요하죠?'" 와우, 존재론적인 질문이었다. "생각 좀 해볼게요. 지금 당장 그럴싸한 대답을 줄 수도 있지만 이왕이면 좋은 답을 주고 싶네요. 곧 돌아오죠." 나는 곰곰이 생각했고 답을 적었다.

제니 양에게. 나는 짧고 신중한 질문을 좋아해요. 그러니 짧고 신중한 답을 주죠. 모든 것이 중요합니다! 미안하지만 그게 사실이에요. 일을 즐기고 성공을 쟁취하려면 모든 것을 중요하게 생각해야 합니다. 몇 가지 예를 드리죠.

· 크기와 관계없이 선택하는 것이 중요합니다.
· 준비가 중요합니다.
· 결과를 얻는 것이 중요합니다.
· 팀원들과 협력하는 것이 중요합니다.
· 전략과 실행 둘 다 이해하는 것이 중요합니다.
· 매일의 실행이 중요합니다.
· 반응 시간이 중요합니다.
· 어떻게, 언제 귀 기울이는지 아는 것이 중요합니다.
· 줌 회의에 어떠한 모습으로 참석하는지가 중요합니다.

· 의사소통 기술이 중요합니다.

· 시간 약속을 지키는 것이 중요합니다.

· 태도가 중요합니다.

· 나의 성과를 기록하는 것이 중요합니다.

· 소셜미디어에 무엇을 올리는지가 중요합니다.

· 어려운 업무에 착수하는 것이 중요합니다.

· 늘 진실을 말하는 것이 중요합니다.

· 수학 기술이 중요합니다.

· 네트워크 구축이 중요합니다.

· 적절한 행동이 중요합니다.

· 음소거 버튼 사용법을 아는 것이 중요합니다.

· 마지막으로, '될 대로 되라지'를 삼가는 것이 중요합니다.

모든 결정이 중요하다.
일상의 작은 결정으로 시작해
당신만의 색채로 인생을 이루어가자.

돌아보기

'될 대로 되라지' 마인드란

될 대로 되라지(Whatever)

: 대답할 수 없는 질문에 대한 답으로 "그럴 수 있었을 텐데"나

"좀 두고 보자"와 비슷한 뜻으로 사용된다.

용례: "음, 될 대로 되라지. 어쨌든 그 사람은 죽었잖아……."

이 단어의 정의를 읽는 것만으로도 나는 살짝 짜증이 난다. 《영어 속어 사전》*에는 이 단어가 부사로 사용된 용례와 처음 사용된 사례가 나온다. 죽은 사람에게는 '될 대로 되라

---

* 《Dictionary of American Slang》, 로버트 챔프맨, 바버라 키퍼, 1995

지' 상황이 아니겠지만 어쨌든 위 정의에 따르면 이 말이 전하는 의미는 확실하다. '될 대로 되라지' 마인드에서 파생되는 말들은 목소리의 크기, 뉘앙스, 보디랭귀지, 억양에 따라 무한히 변주될 수 있다. 그만큼 어디에서든 사용할 수 있다. 마치 만능 칼의 대명사 맥가이버처럼. 상황마다 정의와 그 안에 내포된 의미는 조금씩 달라지지만 전하는 느낌은 비슷하다. 내 알 바 아니라는, 나는 결정하지 않겠다는 '패스'권을 내미는 것이다.

'될 대로 되라지'의 정의와 용례를 살피다 보면 거의 모든 학문과 매체를 들여다보게 된다. 수백만 개의 미묘한 정의 중 몇 개만 살펴보도록 하자. 나만의 조언도 덧붙인다.

▶**알 게 뭐야.** 가장 널리 사용되는 의미다. 이때는 다음과 같은 뜻이 될 수 있다.

· 내 알 바 아니야.
· 그냥 좀 닥치지그래?
· 난 좀 빼줘.
· 중요하지 않아.
· 좀 꺼져줄래? (더 심할 경우 비속어도 등장한다.)

우리는 사소한 선택도 신경 써야 한다. 일상에서의 아주 작은 결정도 중요하다. 중요한 선택을 위해 하루를 쉬어야 하는 건 아니다. 결정해야 하는 상황이라면 중요도를 따지지 말고 그냥 내려라. 지금 '알 게 뭐야' 같은 태도로 임하다가는 훗날 "그때 관심 갖고 결정했어야 했는데"라고 후회할 수 있다. 우선순위를 고르는 일은 하루에서 가장 중요한 활동이다.

출근해서 그날 해야 할 가장 중요한 일 앞에 "될 대로 되라지"를 외치며 선택하지 않는다면 그날 하루를 망칠 수 있다. 이메일을 흘려 읽고 SNS를 살피다가 고객에게 전화를 거는 등 자신 앞에 주어진 일만 할 경우에도 그날 하루를 망칠 수 있다. 눈앞에 놓인 일이 반드시 해야 하는 일이 아닐지도 모른다. 해야 하는 일이 따로 있는 것은 아닌가?

▶ **이 정도면 충분해.** 아마추어 목수로서 나는 이렇게 말한 적이 있다. 판자가 잘 맞지 않았지만 내가 '될 대로 되라지'라고 생각했다는 걸 아무도 눈치채지 못할 거라 생각했다. 하지만 누군가는 눈치챈다. '적당히 만족스러운' 태도는 다음 번 업무 평가서에 반영될 것이다. '이 정도면 충분해'라는 태도가 존재하지 않았더라면 바꿀 수 있었을 온갖 문제를 떠올려보자.

▶ **나는 운명에 좌우될 뿐이야.** 누구나 운명론에 빠져 "나에게 주

어진 모든 걸 받아들이겠어"라고 말할 수 있다. 하지만 운명에 맡기는 것은 바람직한 업무 전략이 아니다.

▶ **난 두려워.** 아무리 작은 결정일지라도 용기가 필요하다. "될 대로 되라지"라고 말하는 것은 현 상황을 유지하거나 결정을 미루는 것이다. 결정을 내리고 두려움에 당당히 맞서자. 큰 결정은 두려움을 불러일으킬 수 있다. 하지만 일상에서 하는 작은 결정은 그렇지 않다.

▶ **체념.** 가장 위험하고 실망스러운 태도다. "어쩔 수 없지"라는 말에는 체념의 태도가 반영되어 있다. 시작하기도 전에 패배한 것이나 마찬가지다. 어쩔 수 없지 않을지도 모른다. 체념하지 않겠다고 결정해 변화를 시도할 수도 있다. '될 대로 되라지'라며 포기하고 체념할 경우 바람직한 결과를 얻을 수 없다. 그보다는 잘할 수 있지 않은가.

▶ **동의해.** "알 게 뭐야", "관심 없으니 일단 이렇게 하고 결과가 어떤지 보자." 이 경우는 "이 정도면 충분해"를 웃으면서 말하는 것이다. 살짝 더 긍정적일 뿐 체념과 다르지 않다. 동의가 바람직한 결과를 낳기만을 기도하자.

▶**안 될 게 뭐야.** '될 대로 되라지'의 가장 무해한 의미일지도 모르겠다. 그렇더라도 짜증 나기는 마찬가지다. 중요할지도 모르는 세부 사항을 논하지 않으려는 게으른 방법이다. '계속하든 그만두든 알 게 뭐야'라는 식이다. 무해할지라도 애매모호한 태도를 고수하기보다는 상황을 상세하게 파악하는 것이 좋다.

▶**나는 아무런 가치가 없어.** '내 말에 아무도 귀 기울이지 않을 거야. 나는 여기에 속할 자격이 없으니까'라는 뜻을 담고 있다. 가면 증후군이 발현된 경우다. "나는 사기꾼이야……"라는 의미가 담겨 있다.

▶**네가 결정했잖아…… 그러니까 책임도 네가 져.** 이 말은 직장에서 힘든 결정을 내렸는데 나중에 더 좋은 대안이 있었음을 알고 후회할 때 자주 사용된다. 또한 의견이 일치하지 않거나 피할 수 없는 상황일 때도 자주 사용된다. 전형적인 예가 엔지니어링 부서는 제품이 준비되지 않았다고 말하는데 세일즈 부서는 당장 출시해야 한다고 주장하는 경우다. 논쟁 끝에 출시가 결정되면 엔지니어링 부서는 "될 대로 되라지"라고 할 확률이 높다. 이 말은 자신이 원하는 일을 하는 사람이 아무도 없을 때 수동 공격적인 반응이 될 수 있다.

▶**나 좀 내버려 둬. 답을 알게 되면 말해줄게.** 여기에서의 '될 대로 되라지' 태도는 대체로 팔짱을 낀 채 냉담한 표정으로 전달된다. 이러한 태도는 '그만 좀 괴롭혀'라는 의미를 전할 수도 있다. 모든 일에 사사건건 반대하는 프로젝트 팀원의 입에서 이러한 말이 나올 수 있다. 그럼으로써 논의나 대화의 진전을 막는다. 선택은 보류되고 그 결과는 차곡차곡 쌓인다.

▶**안 들려.** 상대의 말을 듣는 대신 핸드폰만 들여다보는 경우다. 이때 대답하지 않으면 좋든 싫든 다른 누군가가 결정하게 된다. 사소한 결정으로 엄청난 혜택을 누릴 수도 있는 기회가 이렇게 날아간다. 질문을 듣지도 않고 "아무거나"라고 말하는 것은 "잠깐만, 질문을 못 들었어. 다시 말해줘"라는 말을 대체할 수 없다.

▶**마음에 드는 선택지가 없어. 될 대로 되라지.** 상대가 한 말에 동의하지는 않지만 지금 당장 그것에 관해 논쟁하느라 시간을 낭비하지 않겠다는 뜻이다. 이렇게 말하면 논쟁을 미룰 수는 있지만 언제든 이 문제는 다시 돌아온다. 사람들은 선거 기간에 이 말을 자주 내뱉는다. "마음에 드는 후보가 없으니 투표하지 않겠어, 될 대로 되라지." 이러한 태도는 민주주의에 도움이 되지 않는다. 누군가는 결국 뽑힐 것이기 때문이다. 완벽한

선택지가 없을지라도 최선이라고 생각되는 대안을 골라야 할 때도 있다. 선택을 보류하는 유권자는 참담한 결과에 기여할 뿐이다.

▶ **한마디 툭 던져서 분위기를 바꾸겠어.** 특정한 내용 없이 분위기를 바꾸는 단어는 많다. 우리는 이러한 말에 귀 기울이지 않는다. 아무런 의미도 없기 때문이다. '그러니까', '솔직히 말하면', '간단히 말해서', '결국은' 같은 말에 무슨 의미가 있겠나. '될 대로 되라지'라는 말은 더욱더 도움이 되지 않는다. 하지만 이 단어는 잠시 분위기를 바꿔놓는다. 직장에서는 "어떻게든 되지 않을까요"라고 말하느니 침묵하는 편이 나을 수 있다. "어떻게든 되겠지"라고 말한다면 태만한 사람으로 찍힐 수 있다. 아무런 말도 하지 않는 건 선택이다. 침묵은 '어떻게든 되겠지'와는 다르다.

누군가 "될 대로 되라지"라고 말할 때마다
기회가 사라진다.
천사가 눈물을 흘린다.

감사의 말

일상의 사소한 결정들이 이 책을 만들었다. 수많은 사람이 내가 작은 결정을 하도록 도왔고 그 결정이 모여 나는 만족스러운 삶을 살 수 있었다. 시사이드에서부터 샌프란시스코에 이르기까지 수많은 친구에게 감사를 전한다. 이 책을 쓰라고 부추긴 나의 에이전트 애덤 크로미는 "말하지 말고 보여줘"라며 언제나 나를 지지해주었다. 맥그로힐의 편집자 마이클 마트리시아니는 처음부터 이 책을 응원했다. 인터뷰에 응해준 이들에게도 감사를 전한다. 그들의 결정에서 많은 것을 배웠다. 솔직하고 따뜻한 의견에 감사를 전한다. 추천사를 써준 나의 친구 잘 몬, 캐롤을 비롯한 가족 모두에게 감사와 사랑을 전한다. "될 대로 되라지"라는 말이 우리 집에서 왜 금기어인지 당신도 이제 알 것이다.

결정하는 습관

미루지 않는 것이 최고의 결정이다

2024년 3월 18일 초판 1쇄 발행
2024년 12월 5일 초판 5쇄 발행

지은이 리처드 모란
옮긴이 이지민

펴낸이 김은경
편집 권정희, 한혜인, 장보연
마케팅 박선영, 김하나
디자인 황주미
경영지원 이연정
펴낸곳 ㈜북스톤
주소 서울시 성동구 성수이로7길 30, 2층
대표전화 02-6463-7000
팩스 02-6499-1706
이메일 info@book-stone.co.kr
출판등록 2015년 1월 2일 제2018-000078호

ISBN 979-11-93063-33-0 (03190)

북스톤은 세상에 오래 남는 책을 만들고자 합니다. 이에 동참을 원하는 독자 여러분의 아이디어와 원고를 기다리고 있습니다. 책으로 엮기를 원하는 기획이나 원고가 있으신 분은 연락처와 함께 이메일 info@book-stone.co.kr로 보내주세요. 돌에 새기듯, 오래 남는 지혜를 전하는 데 힘쓰겠습니다.